道源淺說

天仙正理 1

도교철학역해 시리즈

도원천설

여전히 중요한 역할을 하고 있음을 확인하였다. 북경의 백운관에서는 일반 대중을 위한 도교 강좌가 개설되고 있는가 하면, 성도의 청양궁에서는 신도들이 일상에서 일어나는 여러 가지 일에 대해 도사들로부터 조언을 구하는 경우를 보았고, 청성산(青城山)의 상청궁 등 도관들에서는 수많은 신도들의 기도와 예배를 보았다. 도교는 역사적 유물이 아니라 살아 있는 종교로서 기능하고 있다.

도교는 학문적으로도 의미가 있다. 도교에는 종교학적이고 철학적인 내용뿐만 아니라, 역학과 천문학, 화학과 인체관, 의학과 약물 등 다양한 분야의 동양 사상이 집적되어 있다. 그래서 동양 과학에 대한 저명한 학자인 조셉 니담(Joseph Needam)이 "동아시아의 화학, 광물학, 식물학, 동물학, 의학, 약학 등은 모두 도교에서 기원하였다. …도교는 변화(變化)와 전이(轉移)의 보편성을 심각하게 인식하고 있었는데, 이것은 그들의 과학에 대한 가장 깊은 통찰 중 하나이다(『중국의 과학과 문명』 제2권)"라고 한다. 도교는 장생불사(長生不死)를 추구하면서 신선이 되고자 하는 종교이다. 이 종교적 목적을 이루기 위해 행한 다양한 시도들이 동양 과학의 기원이 된다는 의미이다.

도교의 중요성을 간파한 서구와 일본은 19세기 말부터 도교 연구에 열을 올리며, 수차례의 국제 학술대회를 개최하고 그 결과물로 수많은 연구물들을 쏟아 내고 있다. 최근에는 도교의 공구서들을 여러 종 출간하고 있는 상황이다. 중국의 경우는 문화대혁명 기간에 도교 연구가 중단되었다가, 1978년부터 '중국사회과학원 세계종교

연구소'를 중심으로 본격적인 도교 연구를 진행하면서 그 결과물들을 가히 폭발적으로 쏟아 내고 있는 현실이다.

반면 한국의 학계 현실은 도교에 대한 학문적 연구와 관심이 매우 부족한 실정이다. 도교연구자의 숫자도 매우 적을 뿐만 아니라 제대로 된 연구기관조차 전무한 상황이다. 고구려 벽화에 연단술의 그림과 통일신라시대의 장군총 등과 같은 적석목곽묘에서 발굴된 연단의 흔적과 不死의 열망, 발해인 이광현의 연단이론에 관한 저술, 조선시대 여러 학자들의 도교에 관한 저술, 구한말에 국역된 수십 종의 도교 권선서와 도교적 성향의 민간신앙과 세시풍속 등에서 보듯이, 한국의 전통 사상에서도 도교는 중요한 문화적 흐름을 유지하고 있다. 이러한 한국의 문화와 사상을 도교라고 부르든 선도(仙道)라고 부르든 이에 대한 체계적인 연구가 시급한 상황이다.

이 책은 『고본오류선종전집(古本伍柳仙宗全集)』(상해고적출판사, 1990년간) 중에서 『천선정리직론증주(天仙正理直論增註)』 부분을 완역한 것이다. 『고본오류선종전집』은 명대 도사인 전진교 용문파 8대 제자 오수양(伍守陽, 1552~1640)의 『천선정리직론증주』와 『선불합종(仙佛合宗)』, 청대 도사인 전진교 용문파 9대 제자 유화양(柳華陽, 1736~?)의 『금선증론(金仙證論)』과 『혜명경(慧命經)』을 묶어서 등휘적(鄧徽績)이 간행한 책이다.

이 책들이 묶여서 출간된 경위는 각종의 서문들을 통해 이유를 알 수 있다. 오수양의 저술과 유화양의 저술들을 함께 묶어 출간하게 된

대표적인 이유는 전진교 용문파의 도맥 전수가 오수양에서 유화양으로 이어지기 때문이기도 하고, 오수양이 『천선정리직론증주』를 저술하여 선종(仙宗)의 핵심을 열었고, 유화양이 『금선증론』을 통해 오수양의 학설을 풀어냈다는 후세의 평가 때문이다.

『천선정리직론증주』는 『도원천설편(道源淺說篇)』과 『천선정리직론편(天仙正理直論篇)』으로 구성되어 있다. 『도원천설편』은 오수양이 그의 스승인 조환양(曹還陽)이 평상시 수련에 대해 말한 내용을 몇 가지 조목으로 나누어 기록하고, 집안사람이자 같은 스승의 제자인 오수허(伍守虛)와 함께 그 뜻을 풀어서 저술한 책이다. 『도원천설편』은 '음양성명의 설', '수행과 관련된 일', '성명의 도와 수련의 공부', '동남(童男)의 수련법', '참된 스승을 만나는 법' 등으로 조목을 나누고 그에 대한 설명을 하고 있다.

『천선정리직론편』은 내단수련에서 핵심이 되는 이론과 수련법을 9개의 논(論)으로 구분하여 오수양 스스로 저술한 책으로, 역시 오수양과 오수허가 주석을 한 책이다. 9개의 논은 '선후천이기직론', '약물직론', '정기직론', '화후경', '연기직론', '축기직론', '연약직론', '복기직론', '태식직론'이다. 이 중에서 '화후경'은 '논'이 아니라 '경(經)'으로 이름 붙었는데 그 이유는, 수련가들이 화후에 대해 이해하지 못하거나, 심하게 오해했기 때문이다. 그래서 여러 성인들이 화후에 언급한 내용들을 모으고 그것에 대한 상세한 설명을 붙여 '경'으로 만든 것이다. 그 내용으로는 '약물의 발생과 화후의 발생', '소주천 화후와 팽련', '소주천의 시기와 그침', '연기과정의 화후', '화후의 비기', '연정과정의 화후', '대주천의 화후', '대주천의 뜻', '연신 이후의 단계' 등으로 구분하여 서술하고 있으며, '전도', '목욕' 등의 구체적이고 세세한 개념들과 단계들에 대한 내용도 밝히고 있다.

이 책에 대한 평가는 모산파 22대 제자 무정전(武定全)의 "하학처로부터 깨달음에 이르기까지 직설하고 상세하게 말하여 천기(天機)를 모두 누설하였다"라고 한 말처럼, 내단이론을 체계적으로 설명하고 수련이론에서도 보편성을 갖추고 있어서 단경 중에 최고의 경전으로 평가된다.

지인으로부터 도교 수련서로서 가장 대중적이며 분명한 체계를 가진 책으로 소개받아 읽기 시작한 것이 이 책과의 인연이다. 이 책의 번역이 마무리될 즈음에 이 책의 번역서가 존재한다는 사실을 알았다. 기존의 번역서를 살펴보니 미비한 점이 적지 않았다. 기존의 번역서는 이 책에 대한 완전한 번역이라고 할 수 없다. 내용을 줄여서 번역하기도 하고, 자신의 수련 경험에 따라 내용을 곡해하고 있는 부분도 많았다. 게다가 서문과 발문에 대한 번역과 주석도 없었다.

반면 옮긴이는 한 글자도 빠뜨리지 않고 충실하게 번역하였고, 각종 서문과 발문들에 대한 번역과 주석작업을 병행하였다는 생각에 용기를 내어 번역 작업을 마무리 지었다.

이 책의 출간을 앞두고 걱정이 많다. 이 책이 내단 수련서이기 때문이기도 하고, 수련의 경험이 전무한 옮긴이의 이해 수준 때문이기도 하다. 혹여 옮긴이의 잘못된 이해에 기초한 번역 내용을 기준으로 수련을 하는 사람이 있을 경우, 만에 하나라도 주화입마(走火入魔)의 피해가 있을 수 있기 때문이다. 조선시대 보만재 서명응 선생이 "잘못된 내용이 수련공부에 잘못 시행되면 그 재앙이 바로 미치게 된다"라고 『참동고』에서 경고하고 있듯이 두려움을 금할 수 없다. 하지만 옮긴이의 둘레에는 오랫동안 도교 수련을 해 온 지인들이 있어, 그들에게 번역물을 읽혀 수련과 관련하여 번역의 문제가 있는지를 확인하였다. 그들에게서 문제가 없음을 확인받아 출간을 결심하였다.

이 책을 번역하는 과정에 여러 사람의 도움을 받았다. 김윤경 박사와 조영숙 선생님, 조한석 박사께 고마움을 전한다. 이분들은 끝까지 번역 작업에 참여하지는 않았지만, 그들의 번역이 일부 포함되어 있다. 특히 이우형 선생님께 고마움을 전한다. 이우형 선생의 윤독과 조언이 없었다면 번역 작업이 끝을 보지 못했을 것이다.

이 책에 대한 해제는 작성하지 않는다. 그 이유는 수련을 해 본 적이 없으므로 해제를 달 능력이 되지 않기 때문이고, 오수양의 연단이론에 대한 이해도 부족하기 때문이다. 그런데도 해제를 단다면, 이는 "'손가락을 넣어 바닷물을 맛보았다'라고 하지 않고, '바닷물을 다 삼켰다'고 하는 꼴일 것이며, 겨자 껍질로 바닷물을 헤아리면서 '바닷물을 다 헤아렸다'고 하는 꼴"(「後發」)이 될 것이다. 또한 "이 책의 내용을 훔쳐 말하면서 삿된 행동을 하여 세상을 속이는 자"

(「直論起由」)가 될 것이기 때문이다. 이 책에서는 이를 거듭거듭 경고하고 있다. 이 책에서 적시하고 있는 가장 강력한 경고를 적어 본다.

“게다가 이 책의 내용을 훔쳐서 말하지 말라. 이 책의 내용을 훔친 사람은 말로는 세상을 응대하고 이치로는 사람을 놀라게 하며, 나보다도 더 스승임을 자임하고도 남을 사람이니, 이는 이 책을 지은 사람을 도외시하는 것이다. 이처럼 사람을 미치게 하는 마음은 장애가 되고, 처음에서 끝까지 참된 학문에 부끄러운 자로, 끝내 스스로 깨치거나 스스로 수행하거나 스스로 증득하지 못해 또한 성명을 잃는 것을 면하지 못한다.”(「後發」)

다만 옮긴이는 이 책에서 최대한의 노력을 기울여 주석을 달려고 하였다. 도교에 대한 지식이 일천한 옮긴이에겐 지난한 일이지만, 옮긴이가 할 수 있는 유일한 일이기에 기존에 나와 있는 도교 관련 공구서들을 참고하고, 중국의 인터넷을 뒤지면서 관련 자료를 수집하였다.

하지만 이 책에 나와 있는 청대의 인물들에 대한 주석은 미비한 점이 많다. 그 이유는 서문과 발문 등에 보이는 인물들은 대부분 청대 말기의 인물로 『중화도교대사전』을 비롯한 사전류에 수록되어 있지 않기 때문이다.

오수양과 유화양에 대한 소개와 책들에 관한 설명을 따로 하지 않는다. 주석을 통해 관련된 내용을 밝혀 놓았다. 책의 분량상 『도원천설』과 『천선정리직론』으로 나누어 출간한다. 덧붙여 이 책의 상세한 주석본이라고 할 수 있는 『선불합종어록』은 이후 번역물을 내어 놓겠다는 다짐을 이곳에 적어 옮긴이 스스로를 강제하고자 한다.

이 책의 번역은 SK Telecom사와 손길승 명예회장님의 지원으로 이루어졌다. 도교 연구가 척박한 한국의 현실에서 보면, SK Telecom사와 손길승 명예회장님의 지원은 더없이 귀중한 보살핌이자 은혜이다. 다시 한 번 머리 숙여 감사드린다. 아울러 여러 가지 일로 옮긴이에게 늘 괴롭힘을 당하는 이우형 선생님께도 감사드린다.

2010년 10월 쌍문동 연구실에서 이봉호 씀

| 차 례

序

自後世黃白之說興, 妖僧盲道, 往往挾其術以幻弄愚人. 大者傾家資, 蹙壽算, 小者惑於採陰補陽, 美妾艷姬, 婬媾狎褻, 幾等神仙於邪慝. 卽使太上如來現身說法, 皆沈迷而不知返, 非茫茫衆生一浩劫哉.

후세에 황백의 설[1])이 흥한 이래로 도에 어두운 요망한 승려들이 종종 그 술수를 가지고 어리석은 사람들을 우롱하였다. 그 피해가 큰 경우는 집안의 재산을 기울게 하고 수명을 줄어들게 하였으며, 작은 경우는 채음보양[2])에 미혹되어 일상생활에서 고운 첩과 예쁜 계집과 음란하게 교접하면서 가까이 지내, 신선술을 사특한 일과 같이 취급하였다. 그런즉 태상[3])과 여래[4])로 하여금 현신하여 설법을 하더라도

---

1) 황백의 설: 연단술사들이 여러 광물질을 제련해 불사약인 금단을 만들어 내는 술법을 황백술이라고 한다. 어떤 광물질을 사용하느냐, 어떤 도구(화로와 솥)를 사용하여 어떻게 연단하느냐에 따라 다양한 연단술파가 존재한다. 당송교체기에 황백술은 수은과 납중독으로 이어지면서 그 폐해를 인식하기에 이르고, 인체 속에서 연단할 약물을 찾게 되는 내단술로 전환된다. 인체 내의 정 · 기 · 신을 약물로 삼고 인체를 솥으로 삼으면서, 내단이론이 확립된다. 이후 여성을 솥(鼎爐)으로 삼거나 음양교접을 연단의 과정으로 설명하는 등 다양하게 전개되어 간다.

2) 채음보양: 여성의 몸에서 음의 정화(精華)를 얻어 양을 보충하는 방중술의 일종이다.

3) 태상: 태상은 태상노군, 즉 노자를 의미한다. 진한 이래로 노자를 도교의 교주로 삼아, 노군(老君)이라고 부르다가, 남북조시기에 '태상노군(太上老君)'이라고 존칭하기

미혹에 빠져 돌아올 줄 모르게 되었으니, 이는 밝지 못한 중생이 하나의 큰 재앙에 빠진 것이 아니겠는가.

近得讀伍冲虛天仙正理, 仙佛合宗, 柳華陽慧命經, 金仙證論, 二氏書, 左道旁門, 掃除盡淨, 乃知神卽性, 氣卽命, 盡性致命, 爲聖賢之眞傳, 煉氣歸神, 乃仙佛之眞諦. 無所謂鉛汞, 心腎卽鉛汞也, 無所謂藥物, 任督卽藥物也, 無所謂槖籥, 呼吸卽槖籥也, 無所謂火候, 胎息卽火候也, 其炭則陰陽, 其爐則天地, 其鼎則黃庭丹田. 煉後天之氣, 以還先天最初之氣, 煉後天之神, 以還先天不敝之神, 神完氣足, 命合性存.

최근에 오충허의 『천선정리』[5]와 『선불합종』,[6] 유화양의 『혜명경』,[7] 『금

시작한다. '태상노군'이라는 용어는 북위시대 구겸지의 『운중음송신과지계(雲中音誦新科之誡)』에서 보인다.

4) 여래: 진리를 체득하고 중생을 제도하기 위해 이 세상에 온 부처님을 말한다.

5) 『천선정리』: 『천선정리직론』을 말한다. 이 책은 명대 저명한 도사 오수양(伍守陽, 1552~1640)의 저작이다. 오수양은 자호를 충허(冲虛)로 삼았는데, 대대로 강서 남창의 벽사리에 살았다. 그의 아버지 희덕(希德), 호 건재(健齋)가 만력 6년에 운남 유마주 자사에 수임하였기에, 오수양은 자신을 유마대부 막내아들이라고 부르기도 하였다. 오수양은 10세 때 왕중양의 저작 7편을 얻어 읽고는 13세에 세상을 벗어나는 일에 골몰하였다. 이후에 조환양을 만나 단법을 전수받았고, 이니환, 왕곤양에게 사사받았으며, 전진도 용문파 8대 제자가 되었다. 용문파의 내단이론을 계승하였고, 수련법의 기초적인 이론을 새롭게 해석하였다. 그의 저서는 『천선정리직론』, 『선불합종』, 『선불합종어록』, 『금단요결』 등이 있다. 특히 『천선정리직론』은 명나라 천계 2년(1622) 완성되었고, 1639년에 증주(增註)가 이루어졌다. 모산파 22대 제자 무정전이 이 책을 두고서 "하학처로부터 깨달음에 이르기까지 곧바로 가리키고 상세하게 말하여 천기(天機)를 모두 누설하였다"고 평가하였다. 이러한 평가처럼 내단이론을 체계적으로 설명하고 수련이론에서도 보편성을 갖추고 있어서 단경 중에 최고의 경전으로 평가된다.

6) 『선불합종』: 이 책은 크게 두 부분으로 구성되어 있는데, 첫째 부분은 장사의 길왕 태화가 제기한 내단에 관한 아홉 가지 질문과 그에 답하는 내용이고, 둘째 부분은 여러 제자들과 내단에 관한 문답을 주고받은 내용이다.

7) 『혜명경』: 이 책은 유화양의 저작이다. 유화양은 청나라 건륭 원년(1736)에 강서 남

선증론』[8]을 읽었는데, 두 선생의 책은 좌도[9]와 방문[10]을 깨끗하게 쓸어 없앴으니, 이로 인해 신(神)이 곧 성(性)이고, 기(氣)가 명(命)이며, 성을 다해 명을 이루는 것이 성현의 참된 가르침이며, 기를 단련하여 신에 귀착하는 것이 신선과 불교의 참된 진리임을 알았다. 또 책에서는 연홍[11]을 말하지 않았지만 심장과 신장이 연홍이고, 약물[12]을 말하지 않았지만 임맥과 독맥[13]이 약물이며, 탁약[14]을 말하지 않았지만 호흡이 탁약이며, 화후[15]를 말하지 않았지만 태식이 화후임을 알게 하였고, 그 과정에서 땔감이 음양이고, 화로가 천지이며, 솥은 황정[16]과 단전임을 알게 하였다. 후천기를 단련하여 선천

창에서 태어났다. 어려서부터 불교를 좋아하였다. 완수의 쌍연사에서 머리를 깎고 중이 되었으며 화양선사라고 불렀다. 오수양의 비지를 전수받고 활연관통하였다고 한다. 후대 사람들이 용문파 제9대 제자로 존숭하였다. 그의 저서는 『혜명경』과 『금선증론』이 있다. 『혜명경』은 『최상일승혜명경』이라고 부르기도 하는데, 건륭 갑인년(1794)에 편찬되었고 모두 14장으로 구성되었다. 그 내용은 대주천 수련법을 주로 하는데, 불교의 용어를 끌어와 내단술을 설명하고 있는 것이 특징이다.

8) 『금선증론』: 이 책은 건륭 경술년(1790) 편찬되었고, 소주천 수련법을 전문적으로 서술하고 있다. 이 책의 「위험설」, 「후위험설」은 가경 4년(1799)에 추가된 내용이다.

9) 좌도: 신선이 되기 위해 행하는 수련법 중에서 바르지 않은 수련법들을 총칭하여 말한 것이다.

10) 방문: 어녀채음술, 삼황(三黄)을 연단하여 복용하는 것, 팔석(八石)을 단련하여 먹는 연단술 등을 방문술이라고 한다.

11) 연홍: 금단을 형성하는 최고의 약물이다. 외단술에서는 수은과 납을 사용하여 금단을 형성하였으며, 수은중독과 납중독으로 인해 내단술로 전환하고서도 약물을 연홍이라고 표현하는데, 내단술에서는 정과 기를 연홍으로 비유하여 사용한다.

12) 약물: 금단을 이루기 위한 약물이다. 외단술에서는 여러 가지 광물질이 사용되었으나, 납과 수은(연홍)으로 수렴되었다. 이후 내단에서는 신장의 정과 심장의 기를 약물로 본다.

13) 임맥과 독맥: 인체의 기경 팔 맥 중의 두 맥을 말한다. 임맥은 생식기와 항문 사이 회음혈에서 시작하여 인체의 앞부분을 따라 돈다. 독맥은 인체의 뒷부분을 따라 돌며, 임맥과 서로 교류한다.

14) 탁약: 연단 시에 사용하는 풀무를 말한다.

15) 화후: 연단 시에 불떼기를 말한다. 내단술에서는 의념과 호흡의 운용 정도를 말한다.

의 최초 상태 기로 되돌리고, 후천의 신을 단련하여 선천의 손상 없는 신으로 되돌려야, 신이 완전하고 기가 충족되어, 명이 성에 합치되어 간직됨을 알았다.

沌沌然如嬰兒之甫試笑啼, 綿綿然如姹女之不假鉛飾, 不著色相, 不墮愛嗔, 棄筌蹄而成正果, 乃不負兩眞人著書立說之苦衷矣.
순진무구한 어린아이가 막 웃고 우는 것처럼 청순한 처녀가 꾸미지 않은 것처럼, 표정을 드러내지 않으며, 좋아하고 미워함에 빠지지 않고, 제대로 된 과정을 겪어서 바른 결과를 얻어야만, 두 진인이 책을 짓고 설을 세운 고충을 저버리지 않게 될 것이다.

吾友鄧君雲笠, 深得力於此書, 故年踰五十, 無老態. 無悴容, 接人溫溫無喜慍色, 殆曾向桃花源問津者乎. 今合梓之, 以公同好, 俾有志斯道者, 皆知所取法焉.
내 친구 등운립 군[17]은 이 책에서 깊이 깨달아 수련하여 나이가 오십이 넘었는데도 늙은이 모습이 없고 초췌한 얼굴이 없으며, 사람들을 만날 때는 온화하여 기뻐하지도 성내지고 않으니, 거의 옛날 도화원을 향하는 나루터를 묻는 사람[18] 같다고 여겨진다. 지금 오충허

---

16) 황정: 황정이라는 용어는 동한 후기에 보이는 개념으로, 『황정경』에서 중요한 개념으로 사용되었다. 이후 내관법을 중심으로 수련하는 이론들에서 핵심 개념으로 사용된다. 황정을 두고 여러 학설이 존재하지만, 양구자는 "황은 중앙의 색이고, 정은 사방의 중앙이다"라고 정의하고 무성자는 눈으로 정의하기도 하는데, 『황정경』 자체에서는 '황정'이 비장으로 정의되기도 하고, 인체를 상중하로 나누고 각 부분의 황정이 존재한다고 하면서, 이를 상단전, 중단전, 하단전으로 구분하기도 하는 등 다양하게 정의된다.

17) 등운립: 미상이다.

18) 옛날 도화원~: 도연명(陶淵明)의 '도화원기(桃花源記)'라는 시에 그려진 이상적인

와 유화양 두 사람의 책을 합하여 간행하니 동지들과 함께 공유하여, 이 도에 뜻이 있는 사람으로 하여금 모두 취해야 할 법을 알게 하고자 한다.

光緖二十二年 丙申歲, 十月十九日, 江津 春臺 程德燦, 序于東山精舍.
광서 22년 병신해(1896년) 10월 19일에 강진 춘대에서 정덕찬이 동산정사에서 서문을 쓴다.

신선의 세계, 즉 무릉도원을 말한다.

合刻五柳眞人書敍

오수양 진인과 유화양 진인의 글을 함께 묶어 출간하면서 쓴 서문

夫道者, 上天之所秘密者也. 古聖眞不忍斯道之無傳, 而又懼違天誡以直洩其秘, 爰借鼎爐丹砂鉛汞以爲喩. 詎意喩益紛, 道愈晦. 愚者因喩以失眞, 而奸邪又借喩以市其惑世誣民之術, 正道沈淪. 致使大千世衆, 咸奔逐於荊棘叢莽, 無由識康莊之途, 滔滔者歷數千百年矣.

도라는 것은 하늘이 꼭꼭 감추어둔 것이다. 옛날 성인과 진인이 차마 이 도를 전하지 않을 수 없었으나, 또한 하늘의 경계를 어기면서 그 비밀을 곧바로 누설할까 염려한 나머지 정로[1] · 단사[2] · 연홍을 빌려서 비유하였다. 그런데 비유가 많아질수록 도가 더욱 어두워질 것을 어찌 알았겠는가. 어리석은 사람은 비유로 인하여 진실을 잃어버리고, 간사한 사람은 비유를 가지고 혹세무민하는 술수로 팔므로 바른 도가 어두워졌다. 그리하여 온 세상 사람들로 하여금 모두 가시덤불 속으로 달려가게 함으로써, 툭 트인 대로를 알 길이 없게 된 상태로 계속 이어져 수천 년을 내려왔다.

---

1) 정로: 연단술에 쓰이는 솥과 화로이다.

2) 단사: 외단술에 가장 많이 쓰이는 약물이다. 중국 호남의 진주(辰州)에서 생산된 것이 유명하기 때문에 진사(辰砂)라고도 한다. 주요 성분은 유황과 수은이다.

迨明季，伍子爲直淺之說，以開其先，國朝柳子爲證論，以衍其緖，或合妙諦於仙宗，或證慧命於佛果，去膚廓存質腋，條分縷晳，不厭求詳．不惟讀者易解，且可使修鍊家不誤岐途，誠至道之津梁也．

명나라 말기에 이르러 오자(오수양)가 『천설』(『천선정리천설』을 말한다)을 지어서 앞서 그 길을 열었고, 우리 청나라에서는 유자(유화양)가 『증론』(『금선증론』을 말한다)을 지어 그 실마리 풀어나가니, 선종(仙宗)의 정묘한 핵심에 합하고 불교의 혜명(慧命)[3]을 밝히며, 겉치레를 제거하여 핵심을 보존하며 조목으로 나누고 낱낱이 밝혀 되도록 상세하게 설명하였다. 독자들이 쉽게 이해할 수 있을 뿐만 아니라 또한 수련가가 잘못된 길로 가지 않도록 하였으니, 진실로 지극한 도로 가는 관문이다.

無如書各爲部，求全匪易，而坊本服謬誤不堪，久有校訂付梓之願，而力不逮．丙申夏，二三友人晤談及此，皆欣然樂從，遂募資勸厥成功，合二子之書爲一秩，題曰五柳仙宗，不期年燦然明備．

책이 각각 따로 간행되어 전체를 구하여 보기가 쉽지 않은데다가 민간에서 출간된 판본들은 오류가 너무나 많아 오래전부터 교정하여 출간하려고 하였으나 힘이 미치지 못하였다. 병신년(1896) 여름에 두세 명의 친구들이 모여 얘기하다가 이 말이 나와서 모두 흔쾌하게 동의하였으므로, 자본을 성공적으로 모아서 두 사람의 책을 합하여 한질로 만들고, 제목을 『오류선종』[4]이라고 하였는데, 일 년이 채 안

3) 혜명: 범어로는 āyuṣtat, 빨리어로는 āyasmant이다. 일반적으로는 갖추어진 수명을 의미하지만, 덕이 있는 비구를 높여 부르는 말로도 쓰인다. 법신은 지혜로 생명을 삼지만, 일반인들은 음식으로 생명을 유지한다. 지혜의 命이 손상을 입으면, 법신의 몸이 잃어진다고 본다.

되어 순서가 정연하게 잘 갖추어졌다.

友乃執書顧予曰, “天下人皆得讀二子之全書矣. 卽可見仙佛之全體, 不障於僞, 不迷於邪, 非大快歟. 子之願不克償歟.” 予慨然歎曰, “吁! 信云然矣. 然予願未已也. 古云, ‘性由自悟, 命必師傳’, 予冥心此道, 廿餘年, 望道茫茫, 渺不知誕登之岸. 敢信云書在是, 道卽在是耶. 竊維宇宙之大, 豈必無具大志大慧, 立願普度者. 憫其拙, 鑒其誠 或不我遐棄. 是則大願也已” 友乃矍然曰, “願誠大矣.” 친구들이 책을 들고 나를 돌아보며 말하기를, “세상 사람들 모두가 두 선생의 전서(全書)를 읽을 수 있게 되었다. 이로 인해 선불(仙佛)의 전체가 거짓에 의해 가려지지 않고 삿된 것에 미혹되지 않게 되었으니 매우 통쾌한 일이 아니겠는가. 그대가 바라던 것이 이루어지지 않았는가”라고 하기에, 내가 개연히 탄식하며 말하기를, “아 정말로 맞는 말이다. 그러나 나의 소원은 아직도 멀었다. 옛말에 ‘성은 스스로 깨닫고 명은 스승이 전수해준다’고 하였는데, 내가 이 도에 마음을 집중한지 20여년이 되었지만 도를 바라볼 때, 망망하여 깨달음의 언덕에 오르는 길을 도무지 알 수 없었다. 그런 내가 감히 자신 있게 책이 여기 있으니 도가 바로 여기에 있다고 할 수 있겠는가. 이 큰 우주 안에 큰 뜻과 큰 지혜를 가지고 널리 중생을 제도하는 자가 어찌 없겠는가. 그러한 사람이 있다면 내가 이 책을 애써 엮은 것을 민

---

4) 『오류선종』: 이 책의 원래 이름은 『고본오류선종전집(古本伍柳仙宗全集)』이다. 이 책은 명나라 오수양의 『천선정리직론』과 『선불합종』, 청나라의 유화양의 『금선증론』, 『혜명경』을 합간하여 청나라 광서 23년에 등휘적(鄧徽績)이 간행한 것이다. 『오류선종』의 목차는 ‘천선정리직론증주’, ‘선불합종’, ‘금선증론’, ‘혜명경’으로 구성되어 있다. 이 번역서는 이 중에서 ‘천선정리직론증주’를 번역한 것이다.

망히 여기고 내 정성을 가상히 여겨, 혹시라도 나를 멀리 버리지 않을 것이다. 이것이 바로 나의 큰 소원이다." 라고 하였다. 친구들이 깜짝 놀라며 말하기를, "그대의 소원이 정말로 좋구나"라고 하였다.

然必證二子之道, 始云能讀二子之書. 道不絶於天壤, 不可爲有志者, 期其成耶. 則凡讀是書者, 咸逐斯願, 是誠吾與子之所共願也夫.
그러니 반드시 오 진인과 유 진인 두 사람의 도에 대해 증득해야만 비로소 두 사람의 책을 읽었다고 말할 수 있다. 도는 천지 사이에 항상 존재하는 법이니, 이 책이 도에 뜻을 둔 자들이 성공하는 데 도움이 되지 않겠는가! 그렇다면 이 책을 읽은 사람들이 모두 그 소원을 이룰 것이니, 이것이 진실로 나와 그대가 함께 바라는 바이다.

光緖 二十三年丁酉, 八月中秋日, 古雲安, 雲笠鄧徽績, 謹敍於自然自在之軒.
광서 23년 정유해(1897) 8월 15일 고운안의 운립 등휘적은 자연자재의 서재에서 삼가 쓰노라.

重刻天仙正理序

거듭 간행하면서 쓴 『천선정리』 서문

余慕玄學, 歷久而不得其旨圭者, 蓋爲嬰姹龍虎之法象, 火藥男女之譬言. 兼遇黃冠者, 指爐火爲服食, 貪彼家作眞鉛. 或執於有爲, 或偏於枯寂, 茫然多岐, 罔有適從, 以致眩目惑心有年矣. 繼因虔誠感格, 得獲『天仙正理』, 潛心細閱, 其盡性至命之學, 先天後天之分, 何者爲藥, 何者名火, 講解詳明, 俾數載疑團, 一旦冰釋. 雖未敢曰, 見是書便見是道, 然參此可以徵吾學之邪正, 執此可以辨遇師之聖凡, 實能不爲玄學津梁者哉.

내가 선학(仙學)을 사모하여 오래도록 공부하였지만, 그 참된 뜻을 얻지 못한 것은 대체로 영아 · 차녀 · 용호의 법상[1]과 화후 · 약물 · 남녀의 비유들[2] 때문이었다. 게다가 내가 만난 황관[3]이란 자들은 노

---

1) 영아 · 차녀 · 용호의 법상: 영아와 차녀는 수은을 비유하여 한 말이고, 용호는 수은과 납을 비유한 말이다. 내단술에서는 용(龍)은 신(神)이며 성(性)으로, 호(虎)는 기(氣)와 정(精)으로 비유하여 사용한다.

2) 화후 · 약물 · 남녀의 비유들: 화후는 약물을 제련하여 금단을 만들 때, 불때기를 의미한다. 화후에는 문화와 무화, 양화와 음화가 있는데, 문화는 은근한 불때기를 말하고 무화는 강력한 불때기를 의미한다. 또한 양화와 음화는 일 년 동안의 음양의 기가 변화하는 것에 따라 불때기를 진행하는 것을 말한다.
약물은 외단의 경우, 각 파마다 다르다. 황금과 단사를 중시하는 금사파(金砂派)가 있고, 납과 수은을 중시하는 연홍파(鉛汞派)가 있으며, 유황과 수은을 주된 약물로 삼는 유황파(硫黃派)가 있다. 이 책은 내단이론서이므로 정 · 기 · 신을 약물로 삼는다.
남녀는 음양에 대한 비유로 쓰이는 말이다. 방문소술에서 음양을 남녀의 교접으로

화(爐火)를 복식이라 하고, 여자를 탐하는 것을 진연(眞鉛)이라 하였다. 이로 인해 혹 유위에 집착하거나 혹 허망한 것에 치우쳐 갈림길이 많아 망연히 어디로 가야 할 줄 알지 못하여 心神이 미혹된 지가 여러 해가 되었다. 그 뒤로 정성이 감응되었는지 『천선정리』를 얻어 마음을 가라앉혀 자세히 살펴보니, 그 성을 다하고 명에 이른 학문과 선천 · 후천의 구분과 어떤 것이 약이고 어떤 것이 화후인지가 자세히 설명되어 있어서 수년 동안의 의심 덩어리가 하루아침에 얼음 녹듯이 풀렸다. 비록 감히 이 글을 보기만 하면 이 도를 깨닫는다고 말할 수는 없지만 이 책을 참조함으로써 나의 학문의 삿되고 바름을 징험할 수 있고, 이 책을 기준으로 삼음으로써 만나는 스승이 성인인지 범인인지 분별할 수 있으니, 실로 선학(仙學)에 이르는 교량(津梁)이 되지 않겠는가?

但惜原板藏於楚北長春觀中, 購求甚難. 而淺見之夫, 雖有秘藏, 或藉此以射利欲, 寧不負眞人梁筆時一字一泣之慈心者耶. 由是與冉君性山, 互相推美, 付之剞劂, 公諸同志. 使好學者見之, 豁然心目, 庶不被邪說之惑矣. 余本無學識, 豈敢言明此理. 只以深體眞人救迷之心, 急欲相傳, 故序明篇首. 願我同人寶之勿秘是幸.

그러나 애석하게도 원래의 판본이 초북성 장춘관[4]에 소장되어 있어 구하기가 매우 어려웠다. 견해가 얕은 선비가 비록 비밀스럽게 소장

이해하기도 한다. 이 책에서는 음양이라는 의미로 사용한다.

3) 황관: 도사들이 쓰는 관(冠)이다. 이후 도사를 황관이라고 불렀다.

4) 초북성 장춘관: 원대에 건축된 도관으로, 도교 전진 용문파 조사 구처기(丘處機, 호 장춘진인)가 이곳에서 수도를 하였다고 해서 '장춘관'으로 불렸다. 현재는 중국 전국 중점 도관으로 보호되고 있으며, 무한시 무창 대동문 밖 쌍봉산 남측에 위치한다.

된 책이 있더라도 혹 그것을 이용해 사리사욕을 채운다면, 진인이 이 책을 쓸 때에 한 글자 한 글자마다 한 번씩 울었던 자비로운 마음을 저버리는 것이 아니겠는가?[5] 이런 이유들 때문에 염성산 군[6]과 함께 책의 좋은 점을 이야기하다가 판각하는 사람에게 넘겨서 여러 동지들과 공유하게 하였다. 호학하는 자들이 이 책을 본다면 마음과 눈이 환하게 틔어서 삿된 설에 미혹되지 않을 것이다. 내가 본래 아는 것이 없는데 어찌 감히 이 이치에 밝다고 말할 수 있겠는가? 단지 미혹된 이들을 구제하는 진인의 마음을 깊이 느껴 빨리 세상에 전하고 싶었기 때문에 책머리에 서문을 써 밝히는 바이다. 바라건대 우리 동학들은 이 책을 보물로 삼아 은밀히 감추지 않았으면 좋겠다.

峕 嘉慶七年, 壬戌之夏, 後學弟子李純一, 敬書於古渝之静觀齋中.
때는 가경 7년 임술년(1802) 여름으로 후학 제자인 순일자 이문수[7]가 고투의 정관재에서 삼가 쓴다.

---

5) 진인이 이 책을 쓸 때에 ~ 아니겠는가?: 『천선정리직론증주』의 「후발」에 나오는 내용이다.

6) 염성산: 미상이다.

7) 순일자 이문수: 미상이다.

復刻天仙正理序

다시 간행하면서 쓴『천선정리』서문

蓋聞,

皇天無二道. 道釋之所謂仙佛, 卽儒之所謂聖賢. 教雖分三, 理則一也. 故儒無不克己復禮之聖賢, 道釋亦無不欲淨理純之仙佛. 然而丹經衆矣, 門戶多矣, 在祖師要皆度世婆心.

대개 듣자 하니, 황천에는 두 가지 도가 없다고 한다. 도교와 불교의 이른바 신선과 부처라는 것이 바로 유가의 이른바 성현이다. 교파가 비록 셋으로 나뉘었지만 이치는 하나이다. 그러므로 유가에서는 극기복례를 하지 않은 성현이 없고, 도교와 불가에서도 물욕을 깨끗이 씻어 이치를 순수히 하지 않은 신선과 부처는 없는 것이다. 그러나 단경도 많고 문호도 많은 것은 조사들 모두 세상을 구제하려는 노파심이 있었기 때문이다.

無奈後之人, 言高遠者, 每忽近以求, 守卑近者, 恒執迷不悟. 是以學者衆而成者難. 眞人伍冲虛公憫念後學, 不惜苦口, 著爲是書, 自下學以至了卻, 直指詳言, 盡洩天機. 雖'時子月圓', 不無口訣, 然未有不身心清淨, 而能窺其籓籬者. 冲虛公由儒悟道, 因道證果, 而其始不外掃淨靈臺, 獨露眞全. 所謂明善復初, 而後可語超凡入聖, 仙則天仙, 理則正理也.

그런데 후대 사람들 중에 고원한 것을 말하는 이는 매양 가까운 것을 소홀히 하여 멀리서 구하고, 비근한 것을 지키는 이는 항상 미혹됨에 빠져 깨우치지 못하니 어찌할 것인가. 이러한 이유로 배우는 사람은 많지만 이룬 사람을 만나기 어렵다.

진인 오충허 공이 후학을 근심한 나머지 입을 수고롭게 하는 것을 힘들어하지 않고 이 책을 지었으니, 하학처로부터 깨달음에 이르기까지 곧바로 가리키고 상세하게 말하여 천기(天機)를 모두 누설하였다. '비록 때는 11월 보름이라'는 등의 구결이 없지 않지만, 심신을 청정하게 하지 않고는 그 문호를 엿볼 수 있는 자는 있지 않다. 충허 공은 유가를 통하여 도교를 깨우쳤고, 도교로 인해 깨달음[果]를 증득하였는데, 애초부터 영대(마음)를 깨끗이 하여 진전만을 드러나게 하는 범주를 벗어나지 않았다. 이것이 이른바 선을 밝혀 처음을 회복한 다음에 범인을 초월하여 성인의 경지에 들어갈 수 있다는 것을 말한 것이니, 선(仙)은 천선(天仙)[1]이고 이(理)는 정리(正理)이기 때문이다.

獨惜是書雖有藏板, 尚未及廣行宇內, 遍播寰中. 冉子清眞, 久思重

1) 천선: 『종려전도집』에 따르면, "신선으로서 삼도(三島)에 거처하는 것을 싫어해 인간 세상에서 도를 전하면서, 도에 최상의 공적이 있고, 인간 세상에서 행위에도 공과 행위가 가득 충족되어 천서(天書)를 받아 통천(洞天)으로 되돌아가게 되는 경우가 있으니, 이를 천선이라고 한다. 이미 천선이 되었는데도 만약 통천에 머무는 것을 싫어할 경우 관직을 주어 선관(仙官)으로 삼는다. 선관 중에서 가장 낮은 관직을 수관(水官)이라고 하고, 중간의 관직을 지관(地官)이라고 하며, 최상의 관직을 천관(天官)이라고 한다. 천지간에 큰 공이 있어 예나 지금이나 그 공이 크게 행해지면, 관직을 올려 주어 36통천을 역임하게 하고, 81양천으로 관직을 되돌린다. 81양천의 관직을 역임하고 나서 최종에는 삼청 허무 자연의 경지로 되돌린다"라고 천선을 정의하고 있다.

刊, 恨力不及, 謀諸李子文粹純一者. 庚申冬, 方欲付梓. 而僕有嘉陵之遊, 癸亥返渝板成. 冉子清眞命僕爲之序, 僕何知, 安敢應命, 卻之至再. 第思君子不沒人之善.

그러나 다만 애석하게도 이 책은 판각이 소장되어 있지만 여전히 널리 간행되어 두루 세상에 퍼지지 못하였다. 훌륭한 염자(염성산)가 오래전부터 중간할 것을 염원하였으나 힘이 미치지 못하는 것을 한스러워하다가, 순일자 이문수와 도모하여 경신년(1800) 겨울에 비로소 판각에 넘겼다. 내가 가릉에 유학하고 있다가 계해년(1803)에 유주로 돌아오니 판각이 이루어져 있었다. 훌륭한 염자가 나에게 서문을 써 달라고 명하였는데, 내가 무엇을 알아 감히 그 청에 응하겠는가하고 재차 사양하였다. 다만 생각해 보니 군자는 다른 사람의 선행을 매몰되게 하지 않는 것이다.

李子文粹, 髫齡好道, 參學有年, 卽與清眞諸子, 朝夕講貫, 已非一日. 晩年有悟, 奉是書爲珍璧, 一片婆心, 獨力刊行. 是伍眞人以度世爲念, 而能體眞人之志者, 惟李子, 則李子亦眞人高第也. 讀是書者, 倘能悟澈本來, 直達彼岸, 眞人之賜也, 而李子亦與有微勞焉. 是以不揣固陋, 而爲之序.

이문수는 어린 나이에도 도를 좋아하여 배움에 참여한 지 여러 해로 훌륭한 여러 사람들과 아침저녁으로 강독한 것이 하루 이틀이 아니었다. 만년에 깨달아 이 책을 보배로 받들고 이 책이 사라질까 하는 노파심에 혼자 힘써 간행하였다.

이는 오 진인이 세상을 구제하려는 염원인데, 오 진인의 뜻을 체현한 사람은 이문수뿐이었으니, 이문수 또한 오 진인의 훌륭한 제자라

하겠다. 이 책을 읽는 사람 중에 만약 본래를 깨달아 곧바로 피안의 경지에 도달한다면, 이는 오 진인의 은덕이고 이문수 역시 작은 공로가 있는 것이다. 이러한 이유로 고루함을 무릅쓰고 서문을 쓴다.

歲 皇清嘉慶九年, 甲子春, 虔撰於渝郡巴子園尋源旅邸. 茅山二十二代 弟子 武定全 薰沐稽首.
때는 황청 가경 9년 갑자(1804) 봄에, 유주군 파자원 심원여저에서 삼가 쓴다. 모산 22대 제자 무정전[2]은 향 피우고 목욕한 다음에 삼가 머리를 조아린다.

2) 무정전: 생몰년 미상이다. 모산파 22대 제자로 알려져 있다.

本序并注

본래의 책에 있던 서문과 주석

伍冲虛子自序曰 昔曹老師語我云, "仙道簡易, 只神炁二者而已."

오충허자(오수양)가 스스로 다음과 같이 서문을 썼다. 옛날 조 선생님[1]이 나에게 말하기를, "선도는 간이하니 다만 神 · 炁 두 가지일 뿐이다"라고 하였다.

修仙者必用精 · 炁 · 神三寶. 此言只神炁二者, 以精在炁中, 精炁本是一故也. 一神 · 一炁即是一陰 · 一陽.

선도를 닦는 사람은 반드시 精 · 炁 · 神 세 보물을 사용한다. 그런데 여기에서 神 · 炁 두 가지만 말한 것은 정은 기 가운데 있어서 정과 기는 본래 한 가지이기 때문이다. 일신이니 일기이니 하는 것은 바로 일음이니 일양이니 하는 것과 같은 것이다.

予於是知所以長生者以炁,

내가 이로 인해 장생하는 것은 기 때문이고,

---

1) 조 선생님: 조환양(曹還陽)을 말한다. 생몰은 미상이다. 조환양의 이름은 상화(常化)이고 호는 환양이다. 용문파 7대 조사로 오수양에게 도를 전수한 인물이다. 기타 내용은 미상이다.

炁者, 先天炁, 即腎中眞陽之精也. 人從此炁以得生, 亦修此炁而長生. 唯用修而得長其生, 故稱'修命'. 陳希夷所以云 "留得陽精, 決定長生" 是也.

기라는 것은 선천기이니 바로 신장 가운데 있는 진양의 정이다. 사람은 이 기(炁)로부터 생명을 얻었으므로, 또한 이 기를 닦아서 오래 살 수 있다. 오직 닦아야만 오래 살 수 있기 때문에 '명(命)을 닦는다'라고 말한다. 그래서 진희이[2]가 말하길 "양정(진양의 정)을 유지하는 것이 장생을 결정한다"라고 한 것이 바로 이것이다.

所以神通者以神.

신통하는 것은 신 때문임을 알았다.

神者, 元神, 即元性, 爲煉金丹之主人. 修行人能以神馭炁, 及以神入炁穴, 神炁不相隔碍, 則謂之內神通. 能以神大定純陽, 而出定變化无窮, 謂之外神通. 皆神之能事, 故神通即馭炁之神所顯.

신이라는 것은 원신이니 바로 원성으로써 금단을 단련하는 주체이다. 수행하는 사람이 신으로 기를 부리다가 신이 기혈로 들어가서 신과 기가 서로 떨어지지 않는 경지에 이르면, 이것을 내신통(內神通)이라고 한다. 그리고 신으로써 순양(純陽)을 확고하게 안정시켜 나오게 하거나 안정되게 하거나 하는 변화를 무궁하게 할 수 있으면, 이것을 외신통(外神通)이라고 이른다. 이것은 모두 신이 할 수 있는 일이기 때문에 신통(神通)은 바로 기를 부리는 신이 나타난 것이다.

---

2) 진희이: 진단(871~989)을 말한다. 5대 송 초의 도사로, 호주진원 사람이다. 자는 도남, 호는 부요자이고, 송나라 태종이 희이 선생이라는 호를 주었다.

此語人人易曉. 第先聖惓惓托喩顯道.

이 말은 사람마다 이해하기 쉬운 것이다. 그러나 과거의 성인들은 간곡하게 비유에 의탁해 도를 드러냈다.

托喩者, 以神喩姹女 · 喩離女, 喩婦 · 喩妻 · 喩我 · 喩汞 · 喩砂也. 以元炁喩嬰兒 · 喩坎男 · 喩夫 · 喩彼 · 喩金 · 喩鉛也. 喩雖多, 不過心腎中之二物.

비유를 들었다(托喩)는 것은 신을 차녀로 비유하고 이녀로 비유하고 부인으로 비유하고 첩으로 비유하고 나로 비유하고 수은으로 비유하고 단사로 비유하는 것이며, 원기를 영아로 비유하고 차남으로 비유하고 지아비로 비유하고 너로 비유하고 금으로 비유하고 납으로 비유하는 것이다. 비유가 비록 많지만, 심신(心腎) 가운데의 두 가지 것, 즉 원신과 원기에 불과하다.

而世多援喩誑人,

그런데 세상 사람들 대부분은 비유만을 끌어다가 사람을 현혹시켰으니,

借古者以人喩爲言者, 便假說以女人爲彼家, 以陰户爲鼎器, 以行淫爲配合, 以淫媾久戰而誑人曰採取, 取男媾之穢精, 女媾之濁涕而呑之曰服食, 此廣胎息之異說也. 豈可以犬馬媾後, 而啖遺精之事而教人乎? 有借古者以外丹藥喩爲言者, 便用 砒 · 硫 · 膽 · 硇 · 鹽 · 礬 · 硝 · 皂 · 杂物 燒煉爐火以誑人, 而陰爲提手行其拐騙之詐謀.

가령 옛날에는 사람을 비유로 들어 말했다고 하는 경우는, 여인을 피가(상대방)로 삼고 여성의 성기[陰户]를 정기로 삼고 성행위를 배합으

로 삼고, 성교를 오래 하는 것을 사람들을 속여 '채취'라고 말하고, 남자가 쏟아 내는 더러운 정과 여자가 쏟아 내는 탁한 액을 취하여 먹는 것을 '복식'[3]이라고 말하는 것들로, 이것은 태식[4]을 확대한 이설이다. 어찌 개나 말이 방사 후에 남긴 정을 먹는 일로써 사람에게 가르칠 수 있단 말인가? 또 예를 들어 옛날에는 외단약을 비유로 들어 말했다고 하는 경우는, 비상 · 유황 · 쓸개 · 소금 · 백반 · 염초 · 조[5] 등 잡물을 화롯불에 제련하여 장수할 수 있다고 사람을 속이고 은밀히 방편으로 삼아 여자를 꾀거나 돈을 빼앗는 사술을 부린 것들이다.

致道愈晦.

도를 이루기가 더욱 어두워졌다.

世人貪女鼎之樂, 以淫媾而失精, 反稱曰採補, 本催死之事, 反稱不死之道. 寧貪數年之淫樂, 无證果而速死, 不學百日築基成而得長生,

---

3) 복식: 약물을 먹어 장생을 구하는 방법이다. 그 약물들은 광물질로 만든 단약, 초목으로 만든 약물 등 다양하다. 그러다가 방중술과 결합되어 남성의 정액, 여성의 월경액 등을 약물로 복용하는 데까지 이른다. 이에 관한 내용은 이도순의 『중화집』에 상세하게 실려 있다. 이도순은 복식법을 방문구품(傍門九品)에 포함시키고, 이를 상중하의 구품으로 분류한다. 이 중에 하품에 해당하는 것들은 크게 방중술과 그에 따른 외도들과 금석을 제련하여 먹는 외단술이 이에 해당한다. 구체적으로는 여성의 구강과 유두, 성기에서 음중의 정화를 채취하려는 방중술인 어녀채전(御女采戰)과 남녀가 교합할 때 얻어지는 혼융한 교감의 정을 얻는 니수단법(泥水丹法), 어린 남녀 아이들을 교합하게 하여, 어린아이의 처음 나온 정액을 취하는 것, 소변을 제련해서 먹는 것, 정액을 삼키는 것, 여성의 월경을 먹는 것 등은 외도(外道)에 해당하고, 수은과 주사 등 광물을 제련해서 먹는 외단(外丹)이 이에 속한다.

4) 태식: 코와 입으로 하는 호흡이 아니라, 신을 잉태하고 그 기를 호흡하는 것으로, 신과 기가 합한 것으로써 그 신묘한 조화를 신령스러우면서도 허한 곳으로 돌리는 것을 말한다. 여기서는 이러한 태식법을 확대하여 방문술로 해석한 경우를 말한다.

5) 비상 · 유황 · 쓸개 · 소금 · 백반 · 염초 · 조: 이들은 모두 외단술과 방문사술에서 사용하는 약물들이다.

愈行假路, 愈不識性命之眞宗. 又有世人貪求横財, 燒煉爐火, 只學點茅假銀, 反稱爲點化金丹. 意圖賺錢而得大利, 反遭折本而傾家. 愈信方土愚弄, 愈不識眞金丹之妙藥. 此所以道之不明, 而曰愈晦.
세상 사람들은 여정(女鼎)[6]의 즐거움을 탐해서 음란하게 성교를 하여 정을 잃어버린 것을 도리어 '채보'[7]라고 하며, 이것이 본래 죽음을 재촉하는 일인데 도리어 '죽지 않는 도리'라고 한다. 수년 동안의 음란한 즐거움을 탐하여 증험의 결과를 얻지 못한 채 빨리 죽을지언정 백 일 동안의 축기[8]를 이루어 장생을 얻는 것을 배우려 하지 않는 바람에 갈수록 잘못된 길로 가서 성명의 참된 근본을 더욱더 알지 못하게 되었다. 또 세상 사람들 중에 횡재를 탐하여 화롯불을 사르고 단약을 제련하되, 띠풀을 사르고 은을 빌리는 것만을 배우고서 도리어 불사약인 금단으로 변화시켰다고 한다. 그리하여 속여서 돈을 벌어 큰 이익을 얻으려고 하다가 도리어 본전마저 잃어 집안을 망하게 한다. 방사들의 어리석은 우롱을 믿으면 믿을수록 참된 금단의 오묘한 약을 알지 못하게 된다. 이것이 도가 밝지 못한 까닭이니, 그래서 '더욱더 어두워진다'고 한 것이다.

故先聖又轉機而直言神炁矣.

그러므로 과거 성인들도 또한 방향을 바꾸어 신과 기에 대해서 직설

---

6) 여정: 금단을 단련하는 솥을 여성으로 삼아, 성행위를 통해 환정보뇌하려는 방문술을 말한다.

7) 채보: 채음보양(採陰補陽)의 준말이다. 성행위를 통해 여성의 정을 얻어 양을 보충하는 방문술이다.

8) 축기: 일반적으로 내단수련에서 몸을 단련하여 이룩된 단계를 의미하지만, 이 책에서는 호흡을 안정시켜 정기를 되돌리는 것으로 정의한다.

적으로 논하였다.

喩本爲明道而設言其近似. 邪人執喩爲道, 而道反受害于喩矣. 故自我丘眞人以來諸祖, 不得不直言神炁二者以决言道之眞.

비유는 본래 도를 밝히기 위해 그 근사한 것을 설정하여 말을 한 것이다. 그런데 간사한 자들이 비유를 가지고 도로 삼으니, 도가 도리어 비유 때문에 해를 당했다. 그러므로 우리 구 진인[9]으로부터 이후의 여러 조사들이 신과 기 두 가지를 직설적으로 논하여 도의 참됨을 분명히 말하지 않을 수 없었다.

群書之作, 或有詳言神, 則未有不略於炁者, 或有詳言炁, 亦未有不略於神者, 是亦天機之不得不秘也者. 奈後世又不能究竟无全悟何? 无完修何?

여러 책들 중에서 신에 대해서 상세하게 말한 경우는 기에 대해서 소략하지 않음이 없었고, 기에 대해서 상세하게 말한 경우는 신에 대해서 소략하지 않음이 없지 않았는데, 이는 천기를 숨기지 않을 수 없었기 때문이었다. 그런데 후세 사람들은 또한 끝까지 공부하지 않아 완전하게 깨닫지 못하고, 완전한 수행을 이루지 못하니 어찌 한단 말인가.

仙道以元神 · 元炁二者雙修而成, 故說性命雙修爲宜. 古聖詳神略氣, 及後世愚人不明乎炁, 只妄言後天呼吸之事, 所以不能全悟完修

---

9) 구 진인: 구처기(丘處機, 1148~1227)를 말한다. 금나라 등주 서하 사람으로 자는 통밀(通密), 호는 장춘자(長春子)이고, 세상 사람들이 장춘진인이라고 불렀다. 전진교 6대 도사 중의 한 사람으로, 『대단직지(大丹直指)』, 『명도집(鳴道集)』 등 저서가 있다.

而成道. 古聖詳炁略神, 後世愚人不知所主者在神, 只妄猜修命不修性, 犯呂眞人所言, 如何能入聖? 所以亦不能全悟完修而成道. 流禍至於人人易視仙道而輕談, 僧人小視仙道爲不足證.

선도는 원신과 원기 두 가지를 함께 닦아야 이루어지기 때문에 성명을 함께 닦아야 마땅하다고 말한 것이다. 옛 성인들이 신에 대해서는 상세하게 말하고 기에 대해서는 소략하게 말하였는데, 후세에 와서 어리석은 사람들이 기에 대해서 밝지 못하여 망령되이 후천의 호흡의 일만을 말하였으므로, 결국 완전히 깨닫거나 수련하여 도를 이룰 수 없게 되었다. 그리고 옛 성인들이 기에 대해서 상세하게 말하고 신에 대해서 소략하게 말하였는데, 후세에 이르러 어리석은 사람들이 수련에서 핵심이 되는 것이 신임을 알지 못하고서, 단지 명만 닦고 성은 닦지 않는다고 망령되이 의심하여, 여동빈 진인[10]이 한 말을 범하였으니 어떻게 성인의 경지에 들어갈 수 있겠는가. 그러한 까닭에 또한 완전히 깨닫거나 완전히 수행하여 도를 이루지 못하게 된 것이다. 그리하여 그 말류의 폐해가 사람마다 선도를 경시하여 가볍게 말하고, 중들은 선도를 하찮은 것으로 보아 증득할 것조차 없다고 여기는 데 이르렀다.

予亦正欲均詳而直論之. 夫旣謂炁爲長生之本,

나 역시 정과 신에 대해서 두루 상세하게 밝히고자 하여 직설적으로

---

10) 여동빈 진인: 여동빈은 당 말 오대의 도사이다. 경조 사람으로 이름은 암(巖), 호는 순양자(純陽子), 회도인(回道人)이며, 동빈은 그의 자이다. 진사 시험에 낙방한 후 강호를 유랑하다가 종리권을 만나 도를 전수받았다. 처음에는 종남산에서 수련하다가 종리권을 따라 학령(鶴嶺)으로 가서 상진비결(上眞秘訣)을 전수받았다. 그는 천둔검법(天遁劍法)을 깊이 체득하였으며, 도를 얻고 선화하여 8선의 하나가 되었다. 전진교에서는 그를 종조로 받들고 있다.

논하는 것이다. 이미 기는 장생의 근본이 된다고 말하였으니,

有命之蒂也.
기는 명의 받침이다.

寧不以神受長生之果者乎?
어찌 신으로 장생의 결과를 받지 않을 것이며,

有性之根.
신은 성의 뿌리이다.

將謂神爲修長生爲主, 寧不以炁定長生之基者乎?
장차 신이 장생을 수련하는 근본이 된다고 한다면, 어찌 기로 장생의 바탕을 삼지 않을 수 있겠는가.

一日, 户部郎四愚張公, 名學懋, 來冲虛子道隐齊中問曰, "此四句是如何說?" 伍子答曰, "此性命雙修之說也. 炁爲長生本者, 言先天炁即眞陽之精. 世人耗盡此精炁, 則能喪命, 返還得此精炁, 則能長生. 所以古云 '炁是添年藥', 又云 '留得陽精, 决定長生'是也.
我言學者要知長生之本爲先天精炁. 當知非容易可得者. 必由神而馭之, 而得長住長生. 則此長生之果, 唯是神長住之所受用者, 故說受長生之果是神. 神爲修長生主者言, 若不以元神主乎炁, 便不得眞長生之元炁. 『經』云, '神行即炁行, 神往即炁住.' 我故說修長生之主是神. 然神非得炁定基, 而長凝神入于炁穴, 則神隨空亡, 而无所長住, 而不能長生. 必得眞炁爲不死, 而後神隨之以不死. 雙修之理, 少一不得. 少神則炁无主宰不定, 少炁則神墮頑空不靈."

하루는 호부랑인 사우 장학무 공[11]이 충허자의 도은제에 찾아와서 묻기를, "이 경문의 네 구절은 무슨 뜻입니까?" 하니, 오충허 진인이 답하기를, "이것은 성명쌍수의 설입니다. 기가 장생의 근본이 된다고 한 것은 선천기가 바로 진양의 정이라는 말입니다. 세상 사람들이 이 정기를 모두 소모하면 목숨을 잃게 되고, 이 정기를 되돌리면 장생할 수 있습니다. 그래서 옛날에 '기가 수명을 늘리는 약이다'라고 하였고, 또 '양정을 유지하는 것이 장생을 결정한다'고 하였는데, 바로 이를 두고 한 말입니다.

내가 평상시에 배우는 자들에게 장생의 근본은 선천의 정기라는 것을 알아야 한다고 말해 왔습니다. 이는 쉽게 얻을 수 있는 것이 아닙니다. 반드시 신으로 말미암아 기를 통제해야 기가 오래 머물러 장생할 수 있다는 것을 알아야 합니다. 그렇다면 이 장생의 결과는 오직 이 신이 오래 거주하여 편안한 것에 달려 있기 때문에 장생의 결과를 받는 것이 바로 신이라고 하는 것입니다. 이는 장생을 위해 수련하는 데 신이 주체가 된다는 말이니, 만약 원신이 기를 주재하지 않으면 바로 참된 장생의 원기를 얻지 못합니다. 『經』[12]에 이르기를, '신이 행하면 기도 행하고 신이 머무르면 기도 머문다'고 하였습니다. 나는 그래서 장생을 수련하는 주체가 신이라고 말하는 것입니다. 그렇지만 신이 기를 얻어서 기반을 정한 다음 오래도록 신을 응결시켜 기혈에 들어가지 않으면, 신이 기를 따라 텅 비어 없어져서 오래 머물 수 없게 되어 장생할 수 없습니다. 그러므로 반드시 진기

11) 장학무: 미상이다.

12) 『경』: 미상이다.

가 죽지 않아야만 신도 따라서 죽지 않게 됩니다. 성명쌍수의 이치는 하나라도 부족해서는 안 되니, 신이 부족하면 기를 주재하지 못하여 안정되지 않고, 기가 부족하면 신이 알맹이가 없게 되어 신령스럽지 않게 됩니다"라고 하였다.

是炁也, 神也, 仙道之所以爲雙修性命者也.
이 기와 신은 선도에서 성명을 쌍수하는 것[13]이다.

『西山記』云, "雖知養性之理, 不悟修行之法, 則生亦不長, 雖知修煉之方, 不得長生之道, 則修亦无驗."
『서산기』[14]에서 말하기를, "비록 성을 기르는 이치를 알더라도 수행의 법을 깨닫지 못하면 살아도 오래 살지 못하며, 비록 수련의 방법을 알더라도 장생의 도를 얻지 못하면 수련을 하여도 효험이 없다"고 하였다.

且謂今也以二炁爲論, 所以明生人 · 生仙佛之理也,
또한 지금 여기에서 두 기로써 논의를 삼은 것은 사람이 태어남과 신선과 부처가 되는 이치를 밝히기 위해서이고,

炁曰二者, 以其先天炁及後天氣分二體而二其用也. 先天必因後天而

13) 성명을 쌍수하는 것: 내단이론에서는 일반적으로 기(炁)를 명(命)으로, 신(神)을 성(性)으로 삼는다. 그러므로 성명은 신과 기를 가리킨다. 내단학파들은 각기 선명후성을 주장하거나 선성후명을 주장하거나 그들의 입장에 따라 수련의 우선순위를 달리하지만, 모두 성명을 동시에 수련하여야 한다고 본다. 이를 '성명쌍수'라고 한다.

14) 『서산기』: 미상이다. 다만 시견오가 지은 『서산군선회진기(西山群仙會眞記)』에서 『서산기』 등 10여 종의 도교서를 인용하고 있는데, 이 책의 존재는 미상이다.

採取·而烹煉·而入穴凝神, 方能神炁合一. 後天必因先天而有歸依, 有證果, 還伏而寂定. 唯二者當并用, 故并論之. 然欲明生人之理, 其先, 後天之炁曰生身, 曰成身, 皆以順行, 及住世間, 亦皆順. 欲明生仙佛之理, 其二炁隨神而返身中. 皆逆用而還伏, 爲靜定寂滅而眞空. 若二炁不順行, 則人不能生; 二炁不逆行, 則仙佛亦不生.

기를 두고서 두 가지라고 한 것은 선천기와 후천기를 두 가지 체로 나누어서 그 쓰임을 둘로 하기 때문이다. 선천은 반드시 후천기를 통하여 채취하고 삶고 단련하여 기혈로 들어가 신이 응결되어야만 비로소 신과 기를 하나로 합할 수 있다. 후천은 반드시 선천을 통하여 귀의처가 있게 되고 증험된 결과가 있게 되며, 되돌아와 잠복하여 고요히 안정된다. 오직 이 선후천 두 기를 마땅히 병용해야 하기 때문에 아울러 논의한 것이다. 그러나 사람이 태어나는 이치를 밝히려고 하면, 그 선후천의 기를 '생신(生身)'이라고 하고 '성신(成身)'이라고 하였는데, 모두 순행하는 것이고, 세상에 머무르는 것도 순행하는 것이다. 그리고 신선이 되고 부처가 되는 이치를 밝히고자 하면, 그 두 기가 신을 따라서 몸속으로 되돌아야 한다고 한 것이다. 이는 모두 거슬러 사용하여 되돌아와 잠복해 있는 것으로, 고요히 안정하여 적멸하는 참된 공(眞空)이 되는 것이다. 만약 두 기가 순행하지 않으면 사람이 태어날 수 없고, 두 기가 역행하지 않으면 신선과 부처도 이룰 수 없다.

藥物爲論, 所以明脫死超生之功也.

약물을 논의로 삼은 것은 죽음을 벗어나 삶을 초극하는 공부를 밝히기 위해서이다.

人生有必老病死之理, 唯眞精元炁爲救老病死之藥物. 修煉之而服食之, 除其老病苦, 得不死而長生者.

사람이 살아가는 데는 반드시 늙고 병들어 죽는 이치가 있게 되는데, 오직 참된 정과 원기만이 늙고 병들어 죽는 것을 구하는 약물이 된다. 그것들을 단련하고 복식하면, 늙고 병드는 고통을 제거하여 죽지 않고 장생할 수 있다.

而火候集古爲經, 所以合群聖仙機, 列爲次第之宜也.

그런데 『천선정리직론』에서 화후에 대해서만 옛 성인의 말들을 모아 경으로 삼은 것[15]은 여러 성선의 기틀을 모아서 순서에 마땅하게 배열하고자 해서이다.

世人皆知聖人傳藥不傳火, 爲見薛道光之言故也. 及我博觀, 則見聖聖皆有傳火之言, 但不全言而皆略. 即我所說略于氣者, 我欲全言之, 又不敢下口. 便下口言之, 而人未必信征, 未必能用, 與不言等耳. 故集衆聖之略言者, 而成我欲全言之志. 即過去世高眞上聖度世之言, 留爲未來世聖眞, 爲常行不易之經. 故獨以經名, 永滅却未來世言有候 · 言无候者之偏疑耳. 且知衆聖皆已言之, 精明愼密如此, 非我臆說杜撰之言也, 眞有切于度世矣.

세상 사람들이 모두 성인은 약물만 전수하고 화후를 전수하지 않았

15) 화후에~삼은 것: 『천선정리직론』에서 '선후천이기직론제일'에서 '태식직론제구'에 이르기까지 9개의 직론을 두었는데, 화후에 대해서만 '論'이 아닌 '經'으로 분류해 '화후경'으로 제목을 달았다. 그 이유를 "모든 편은 논이라고 했는데 유독 이 편만 경이라고 이름 붙인 것은, 모든 내용이 오래전의 고상하고 진실한 상등의 성인들이 영원토록 바뀌지 않는 진실하고 항상적인 수련의 법에 대한 말씀을 전했기 때문이다 (諸篇皆論, 此獨名曰經者, 皆古高眞上聖, 傳於永劫眞常不易之經語也)."라고 밝히고 있다.

다고 아는데, 이는 설도광[16]이 한 말을 보았기 때문이다. 내가 두루 살펴보니 성인들마다 모두 화후를 전하는 말이 있는데, 단지 화후의 전 과정을 말하지 않고 모두 생략한 것이다. 이것은 바로 '내가 앞에서 말한 기에 대해서 생략하였다고 한 것으로, 내가 전 과정을 말하고 싶어도 감히 말할 수 없고, 설사 말하더라도 사람들이 필시 믿어서 징험하지 않을 것이며, 필시 사용하지도 못할 것이니 말하지 않은 것이나 진배없다'는 것과 같은 뜻이다. 그러므로 '화후경'을 지어 여러 성인들이 대략 말한 것을 모아서 내가 전 과정을 말하고자 했던 뜻을 이룬 것이다. 이는 곧 과거의 높고 참된 성인이 세상을 구제한 말을 미래의 성인을 위하여 남겨 두어 항상 행하여도 바뀌지 않는 경으로 삼았다. 그러기 때문에, 오직 이것만 경으로 이름을 붙여 미래에, 화후를 말한 것이 있다거나 없다거나 하는 편벽된 의문을 영원히 제거하고자 한다. 그리고 여러 성인들이 모두 이처럼 분명하고 면밀하게 말하였으니, 내가 억측으로 끌어다 맞춘 말이 아니라 진실로 세상을 구제하는 데 절실함이 있는 것이다.

喩築基, 論二炁漸證於不漏,

축기를 비유하여 두 기가 세지 않은 것을 점차로 증험하여 논하였고,

定息還精炁, 謂之築基. 息定精還, 謂之基成不漏. 若有漏, 則不能爲

16) 설도광: 설식(薛式, 1078~1191)이다. 북송시대 사람으로, 설도광(薛道光) · 설도원(薛道原)으로 이름하기도 하였다. 자는 태원(太源)이다. 일찍이 출가하여 승려가 되었는데, 법명은 자현(紫賢)이라고 하였다. 이후에 불교를 버리고 도교에 입문하였다. 도교에서는 그를 자현진인이라고 한다. 송나라 휘종 5년에 석태(石泰)를 만나 장백단(張伯端)의 내단비결을 전수받았다. 이후 내단 남종 오조 가운데 3대 전수자가 되었다. 『단수가(丹隨歌)』, 『환단복명편(還丹復命編)』, 『오진편주(悟眞編注)』 등 저술을 하였다.

胎神之基, 无漏, 則身可久生而爲伏炁胎神之法界也.

호흡을 안정시켜 정기를 되돌리는 것을 일러 축기라고 하고, 호흡이 안정되어 정이 되돌아온 것을 일러 기반이 이루어져 세지 않다고 한다. 만약 셀 경우에는 신을 잉태하는 터전을 이룰 수 없고, 세지 않을 경우에는 몸이 오랫동안 생명을 유지하여 기를 제압하고 신을 잉태하는 법계가 될 수 있다.

借煉藥, 論二炁成一而不離,

약을 단련하는 것을 비유로 들어서 두 기가 하나가 되어 떨어지지 않는 것을 논하였으며,

藥不煉, 則金木間隔, 煉之者, 金木合一. 火藥適均, 即所謂相見结嬰兒者.

약을 제련하지 않으면 금과 목이 떨어져 있지만, 제련하면 금과 목이 하나로 합해진다. 불과 약이 딱 맞게 고른 것을 바로 이른바 '서로 만나 영아를 이룬다'라고 하는 것이다.

闡伏炁, 論藏之內而不馳諸外.

기를 껴안는 것을 천명하여 안으로 간직하고 밖으로 내달리지 않게 하는 것을 논하였다.

闡者, 前人皆秘而不言, 此獨闡揚直論之也. 外馳者, 炁散而神无所歸依. 伏者, 即所謂若欲長生, 神炁相住之謂.

'천명한다(闡)'는 것은 앞 시대 사람들이 모두 감추고 말하지 않은 것을 유독 여기에서만 드러내 곧바로 논한다는 것이다. '밖으로 내

달린다(外馳)'는 것은 기가 흩어져서 신이 돌아가 의지할 바가 없는 것이다. '껴안는다(伏)'는 것은 이른바 장생하려고 할 때, 신과 기가 서로 머물러 있는 것을 말한다.

雖反復言炁, 而不見其繁, 立一名彰一義也.

이렇게 되풀이하여 기를 말하였지만, 번거롭게 느껴지지 않는 것은 하나의 이름을 세워 하나의 뜻을 드러냈기 때문이다.

言後聖見名, 當思所以用實義, 勿作世間時文 · 套語忽過.

후세의 성인은 이름을 보고서 마땅히 쓰임의 참된 뜻을 생각하되, 세간에 유행하는 말이나 속어로 여겨 소홀하지 말아야 할 것임을 말한 것이다.

論煉己者, 論其成始成終之在眞我.

연기를 논한 것은 처음에 이룩한 것이나 끝에서 이룩한 것이나 간에 성공은 진아(眞我)에 있음을 논한 것이다.

眞我者, 是言己之本來面目, 即元神本性之別號也. 凡所爲採藥, 煉藥, 基之築成於始者, 皆由煉己, 證本來面目之成於始者, 即所以修性於始也. 所爲伏炁 · 胎息, 爲脫胎 · 出神 · 成還虛於終者, 皆由煉己, 證本來面目之成於終, 即所以修性於終也. 始終皆是本性而成仙, 能復眞性者, 即仙也, 非眞性者, 即非仙也.

乃世之愚人, 不知仙即是性, 與佛即是性同, 所以擧世談仙, 而莫知所學, 而亦莫有所成. 但仙聖始言煉己者, 以其有諸相對者, 是性之用於世法 · 世念中, 而逆回者言之也. 終言煉神還虛者, 是性之无相對者, 獨還於虛無寂滅而言之也. 其實只是一箇性眞而已.

世之愚人墮于邪說 · 外道者, 妄執邪見, 偏于談仙 · 談佛, 謂仙不是性而佛是性, 謂佛畢竟與仙不同. 不信『法華經』所謂 "仙人授佛妙法, 如來因之成佛.", 不信『華嚴經』所謂 "如來大仙道, 微妙難可知.", 即不信佛言, 何必强談佛? 予謂不但不知仙, 不知佛, 并亦不知自己性, 而徒妄言誑語, 以惑世自墮, 可惜于仙佛法海中, 不能見一浮漚, 眞可憐也!

'진아(眞我)'라는 것은 자기의 본래 면목을 말하는 것이니, 곧 원신과 본성의 별명이다. 보통 채약을 하고 연약을 하여, 그 기반이 처음에서 다져져서 이루어지는 것은 모두 연기로 말미암으니, 이는 본래 면목이 처음에서 이루어짐을 증험하는 것으로 곧 처음에 성을 닦아야 하는 까닭이다. 복기를 하고, 태식을 하며, 탈태하고, 출신을 하여 끝에서 환허를 이루는 것도 모두 연기로 말미암으니, 이는 본래 면목이 끝에서 이루어짐을 증험하는 것으로 곧 끝에서도 성을 닦아야 하는 까닭이다. 처음이든 끝이든 모두 성을 근본으로 하여 신선을 이루니, 참된 성을 회복한 자는 바로 신선이고, 참된 성을 회복하지 않은 자는 신선이 아니다.

그런데 세상의 어리석은 사람들은 신선이 바로 성이고, 신선은 부처와 더불어 성이 동일하다는 것을 알지 못하기 때문에, 온 세상 사람들이 모두 신선을 말하면서도 배울 바를 알지 못하고 또 신선이 된 바도 없다. 단지 선도의 성인들이 처음에 연기를 말한 것은 성이 여러 가지로 상대할 수 있는 세법과 세념 속에서 쓰이다가 거꾸로 회귀하는 것으로 말했기 때문이고, 마지막에 연신환허[17]를 말한 것은 성이 상대할 것이 없어서 홀로 허무하고 적멸함에 되돌아가는 것으로 말한 것이다. 그러나 기실은 단지 하나의 참된 성일 뿐이다. 세상의 어리석은 사람들은 사설과 외도에 빠져서 망령되이 사견을 고집하여 선도만을 담론하거나 불교만을 담론하는 데 치우쳐서 신선은 성이 아니고 부처가 성이라고 하거나, 부처는 끝내 선도와 같지 않다고 한다. 그리하여 『법화경』[18]에서 이른바 "신선이 부처에게 오묘한 법을 주어서 여래가 이로 인해 성불했다"[19]라는 말을 믿지 않았고, 또 『화엄경』에서 이른바 "여래의 큰 선도는 미묘하여 알기 어렵다"라는 말을 믿지 않았다. 이미 부처의 이러한 말들을 믿지 않는데, 무엇 하러 억지로 부처에 대해서 말할 것이 있겠는가. 내 생각에는 그들은 선도도 알지 못하고 불도도 알지 못할 뿐만 아니라, 자기의 본성도 알지 못하면서 공연히 망언을 하거나 거짓말을 하여 세상을 속이고 스스로를 타락하였으므로, 애석하게도 선도와 불교의 법해(法海) 속에서 한 방울의 포말도 보지 못하였으니, 참으로 가련하다.

專言神, 而不見其簡, 操一機, 貫一義也.

오로지 신만을 말하였으나 그 간이함이 보이지 않으니, 하나의 틀을 견지하여 하나의 뜻을 관통하였기 때문이다.

---

17) 연신환허: 내단수련의 최고 단계를 말한다. 출신입화(出神入化)의 이상적 경지이다. 『중화집』에서는 이를 '○'(虛)로 표현하고, 일체가 허에 들어간 상태, 일체가 원만하게 밝은 상태, 근본으로 되돌아가 뿌리에 귀착한 경지, 명심견성(明心見性)의 상태로 표현한다.

18) 『법화경』: 『묘법연화경』을 말한다. 대승경전 중에 핵심 경전이다.

19) 신선이 부처에게… 성불했다: 아사타선을 말한다. 과거세 석가세존을 위해 법화경을 설법한 선인이다.

元神本性, 主宰乎性命而雙修. 始也欲了命爲長生超劫之基, 則以性而配命爲修, 固雙修之一機, 終也欲了性爲長生起劫運之性, 則以長生之命配性而爲修, 亦此雙修之一機也. 此正顯名直捷全機, 簡而不簡者也.

원신과 본성은 성명을 주재하여 모두 닦게 하는 것이다. 처음에 명을 깨달아 겁운을 초월하는 장생의 터전을 이루고자 하면, 성으로 명을 짝하여 수행해야 하니 이는 본래 쌍수의 한 틀이고, 끝에 성을 깨달아 겁운을 초월하는 장생의 성을 이루고자 하면, 장생의 명으로 성을 짝하여 수행하니 또한 이것도 쌍수의 한 틀이다. 이것이 성과 명이라는 이름을 바로 드러내 전체의 틀을 포괄하는 것이니, 간이하면서도 간이하지 않은 것이다.

鼎器之論, 見神炁之互相依,

정기에 대한 논의는 신과 기가 서로 의지하는 것을 나타내는 것이고,

此即命依性而了命, 性依命而了性. 炁依神則能化炁, 神依炁則能化神.

이것은 바로 명은 성을 의지하여 명의 수련을 이루고, 성은 명을 의지하여 성의 수련을 이룬 것이다. 기가 신에 의지하면 기를 변화할 수 있고, 신이 기에 의지하면 신이 변화할 수 있다.

胎息之論, 密指胎其神而息其炁, 此又合神炁, 而歸其妙化於神而虛者也.

태식에 대한 논의는 신을 잉태하고 그 기를 호흡하는 것을 은밀히

가리킨 것이니, 이것은 또 신과 기가 합한 것으로써 그 신묘한 조화를 신령스러우면서도 허한 곳으로 돌리는 것이다.

胎息之初, 煉炁以化成神, 即『經』所謂 "不出不入, 自然常住"者. 如佛之龍宮一定七日, 菩提樹下一定七日, 仙曰胎圓, 佛曰滅盡定. 及陽神出现, 仙曰出神, 佛曰始成正觉, 如來出现. 從此皆名頓法, 仙曰煉神還虛, 佛曰虛空界盡. 我此修行, 終无有盡, 此皆神而虛无之極境也. 所以能超過天地劫運者, 仙佛皆要如此而後可.

태식의 초기에 기를 단련하여 신으로 변화시키는데, 이것은 바로 '경'에서 말하는 "나가지도 않고 들어가지도 않아 자연스럽게 항상 머물러 있다는 것"이다. 예를 들면 부처가 용궁에서 칠 일 동안 한결같이 정에 들고, 보리수 아래에서 칠 일 동안 한결같이 정에 들어 있던 것과 같은 것으로서, 선도에서는 태원(胎圓)이라고 하고 불가에서는 멸진정[20]이라고 한다. 양신이 출현하는 경지에 이르면, 그것을 선도에서는 출신이라고 하고 불가에서는 비로소 정각을 이루어 여래가 출현하였다고 말한다. 이 단계부터는 모두 돈법[21]이라고 하는데, 선도에서는 이를 두고 '연신환허'라 하고 불가에서는 이를 두고 '허공계진'[22]이라고 한다. 내가 이렇게 수행을 해도 끝내 종극처가 없는 것은 이러한 수행이 모두 신령스럽고 극도로 허무한 경지이

---

20) 멸진정: 滅盡定은 범어로 nirodha－samāpatti이다. 인과에 되돌아가지 않는 상등의 성자가 六識을 모두 소멸해 마음에서 어떠한 일도 일어나지 않는 禪定에 들어간 상태이다.

21) 돈법: 원래는 불교 선종에서 나온 말이지만, 선가에서는 정 · 기 · 신 세 약물이 수련을 하자마자 일시에 모두 깨달아지는 것을 말하거나(『淸庵瑩蟾子語錄』권6), 수련 중에 상관과 초관과 중관이 동시에 수련되어 곧바로 연신환허의 경지에 드는 것을 말한다(『性命圭旨』).

22) 허공계진: 진허공계(盡虛空界)를 말하는 듯하다. 광대무애한 텅 빈 경지를 말한다.

기 때문이다. 그러므로 천지의 겁운을 뛰어넘을 수 있는 자는 그가 선도이거나 불가이거나 모두 이와 같이 해야만 가능하다.

如此語成九章, 道明无極, 復以曹老師昔爲我淺說道原者發明之, 亦成一篇, 冠之直論之首, 先揭其大綱.

이상과 같은 내용들로 9개 장('先後天二炁直論第1'에서 '胎息直論第9'까지)을 만들어 무극의 도를 밝히고, 다시 조 선생이 옛날에 나를 위해 도의 근원을 쉽게 풀어 말한 것(『道源淺說』을 말한다)으로 밝혔는데, 그 역시 한 개의 편이 되었다. 이것을 이 책의 맨 첫머리에 넣어 먼저 그 대강을 제시하였다.

曹老師昔云, "古聖所言修行之事, 及我素所言者, 皆節目, 即儒家所謂人道之當然者. 我今再爲尔淺說其道之原, 即儒家所謂天道之所以然者. 若知人而不知天也不可, 何也? 凡曰大修行, 非止於了此一生之事而已, 必要證无上之上, 先要知大道所以然之眞, 而後修得證所以然之妙, 始可信心直行到極處. 不然何所往而何所證, 豈不誤大聖大眞之大志哉?" 我今亦揭道之原, 發明于篇首, 以示修行之總綱.

조 선생(조환양)이 옛날에 말하길, "옛날 성인이 말씀하신 수행의 일과 내가 평소 말한 것은 모두 절목에 해당되니 바로 유가에서 말한 인도(人道)의 당연한 것이다. 그리고 내가 지금 재차 너를 위하여 도의 근원을 쉽게 풀어서 말해 준 것(『도원천설』)은 바로 유가에서 말한 천도의 소이연(所以然)인 것이다. 만약 사람은 알고 하늘은 모르면 안 되니, 그것은 무엇 때문이겠는가? 보통 말하는 대수행이라는 것은 일생의 일을 끝마치는 데 그치는 것이 아니라, 반드시 더없는 최고의 경지를 증득해야 하니 그러려면 먼저 대도가 대도인 까닭의 참됨을 안 다음에 닦아서 수련하여 소이연의 묘를 증득해야만 비로소 믿는 마음대로 직행하여 극처에 도달할 수 있다. 그렇지 않으면 어디로 가든 증득할 수 없을 것이니 어찌 대성인과 대진인의 큰 뜻에 어긋나지 않을 수 있겠는가?"라고 하였다. 나도 지금 조 선생님처럼 도의 근원을 들어 책머리에 밝혀서 이로써 수행의 전체 강령을 제시한다.

而道體之全, 已盡精微於『直論』, 又致廣大於『淺說』. 且廣大之不廢詳, 精微之不廢捷,

도체의 전체에 대해 이미 『직론』에서 정미함을 다하였고, 또 『천설』에서 광대함을 다하였다. 그리고 광대하면서도 상세함을 빠뜨리지 않았고 정미하면서도 요점을 빠뜨리지 않았다.

凡廣大之言, 皆止於大略, 唯『淺說』之廣大而兼詳明无疏略處. 凡精微之言, 皆近於隱秘或煩瑣, 唯『直論』之精微而更捷要无隐煩處.

무릇 광대한 말은 모두 대략적인 데 그치지만 오직 『천설』은 광대하면서도 상세하여 소략한 곳이 없다. 그리고 정미한 말은 모두 은밀하고 비밀스럽거나 혹은 번잡하고 자질구레한 데 가깝지만 오직 『직론』은 정미하면서도 요점을 드러내어 은미하거나 번잡한 것이 없다.

二者全備出世, 而世始全仙道矣.

이 두 책이 완전히 갖추어져서 세상에 나옴으로써 세상의 선도가 비로소 온전해졌다.

予論說全備成書, 眞足爲世之鑒觀者. 雖有奸邪棍党, 欺誑世之初學淺見, 謂妙訣不載書, 必要我口授, 方知秘法, 斯言固足取信于人, 以施邪計. 若有志學者, 必要得是書而先觀之, 則求道有指示而人不可欺以邪.

已得眞傳仙道者, 而後觀之則有印證而可知玄妙之所以然而當然. 已行眞仙正道而後觀者, 則所行與道合不合, 其功成不成, 有所考据. 若所聞所行合是書, 即可信可成; 若不合是書, 即必不可信, 必无可成. 所以孔子云, "夏殷之禮吾能言, 杞宋不足徵, 文不足也." 子思云, "上焉无征不信, 下焉不尊不信." 而謂『直論』全書可少乎哉? 故陳泥丸亦云"若未逢師且看詩. 詩中藏訣好修持. 雖然未到蓬萊路, 也得人間死較遲"是也.

이상은 '나의 논설이 완전히 이 책에 갖추어져 있으니 진실로 족히 세상의 거울이 될 것이다'라는 뜻이다. 비록 간사한 무리들이 세상의 얕은 초학들을 속여 '묘결은 책에 실려 있지 않으니 반드시 나의 입으로 전해야만 비로소 비법을 알게 될 것이다'라고 하면, 이 말이 사람들에게 믿음을 주어 사특한 계략을 부릴 수 있을 것이다. 그렇지만 만약에 공부에 뜻이 있는 자가 있다면 반드시 이 책을 구하여 먼저 보려고 할 것이다. 이 책을 보면 도를 구하는 데 제시되는 바가 있어서 사람들이 사특한 방법으로 그를 속일 수 없을 것이다.

참되게 전해진 선도를 이미 얻은 다음에 이 책을 본다면, 인증된 바가 있어 현묘한 소이연(所以然)과 소당연(所當然)을 알 수 있을 것이다. 또한 이미 참된 신선의 바른 도를 행한 다음에 이 책을 본다면, 행하는 바가 도에 적합한지와 그 공부가 이루어졌는지에 대해 상고하여 근거할 바가 있을 것이다.

만약에 들은 바와 행하는 바가 이 책과 합치하면 믿고 이룰 수 있을 것이나, 만약에 이 책과 합치하지 않는다면 반드시 믿을 수 없어서 이룰 수도 없을 것이다. 그렇기 때문에 공자가 말하기를 "하나라와 은나라의 예를 내가 말할 수는 있지만, 기나라와 송나라를 통해서 고증할 수 없으니 그것은 문헌이 부족하기 때문이다"[23]라고 하였고, 자사가 말하기를 "고대 하나라와 은나라의 예는 좋지만 고증할 바가 없어서 사람들이 믿지 않고 후대의 공자와 같은 성인은 예를 잘 알지만 신분이 높지 않아 사람들이 믿지 않았다"[24]라고 하였으니, 『직론』을 과소평가할 수 있겠는가! 그러므로 진니환[25]이 또한 말하기를 "만약에 스승을 만나지 못하였거든 시를 한번 보아라. 시 가운데 비결이 숨어 있어서 닦아 간직하는 데 좋으니라. 비록 봉래산 가는 길에 이르지 못하더라도, 인간의 죽음을 조금 늦출 수 있느니라"라고 한 것이 바로 이것을 두고 한 말이다.

倘有不徹諸書之簡語,

만약에 여러 책 속에 요약된 말을 알지 못하였다면,

語簡而少, 必不能發明至玄 · 至妙之大道, 學者何以得徹悟? 抱朴子亦云, "五千言雖出于老子, 其中不肯全擧其事, 誦而不得要道, 直爲徒勞耳. 文子 · 莊子 · 尹喜之文章, 永无至言. 或齊生死爲无異, 或

---

23) 하나라와… 때문이다: 『논어』 「팔일편」("子曰 夏禮 吾能言之 杞不足徵也 殷禮 吾能言之 宋不足徵也 文獻不足故也 足則吾能徵之矣.")에 나오는 말이다.

24) 고대 하나라… 믿지 않았다: 『중용』 3장에 나오는 말이다.

25) 진니환: 진남(陳楠, ?~1213)을 가리킨다. 송대 때의 도사로, 도교 내단파 남종의 제4대 조사이다. 자는 남목(南木)이고, 호는 취허(翠虛)이다. 혜주 박라현 사람이다. 일반인들이 그를 진니환이라고 불렀다. 『취허편(翠虛篇)』 등 저술을 남겼다.

以存活爲勞役, 殂歿爲休息, 其去神仙已千萬億裏遠矣."
말이 간단하면서 소략하면 기어이 지극히 현묘하고, 지극히 오묘한 대도를 나타내 밝힐 수 없을 것인데, 학자들이 어떻게 깨달을 수 있겠는가. 『포박자』에 역시 말하기를 "5천여 자의 말이 비록 노자에서 나왔지만, 책 속에서 그 일을 전부 거론하려 하지 않았으니, 외우면서 도의 핵심을 얻지 못하면 단지 헛된 노고가 되고 말 것이다. 문자 · 장자 · 윤희의 문장은 길어서 지극한 말이 없다. 혹은 생사가 다름이 없다 하기도 하고 혹은 살아 있는 것을 노역으로 여기고 죽음을 휴식으로 여기기도 하니, 신선과의 거리가 이미 수만억 리나 멀리 떨어져 있다"라고 하였다.

必當從此證會其全.

반드시 이 책을 통해 그 전체를 증험하여 이해해야 할 것이다.

古仙佛諸書, 皆詳一而略一. 如仙書只詳言煉精化炁以出欲界, 曰採取 · 曰烹煉 · 曰成丹 · 曰服食, 至於十月之煉炁, 但曰守中, 不盡其化神之說, 此皆書之所簡也.
如佛書只詳言禪定 · 色界 · 四禪之理, 用之以出色界, 即仙之煉炁轉神入定也. 至于欲界離欲除淫, 如仙之煉精化炁者, 但曰不除淫, 修禪定. 如蒸砂石, 終不成飯, 如來涅槃, 何路修證? 明明言淫之當戒, 而不言淫機, 身心何以得所, 淫根何以得斷, 而成漏盡通 · 不死之阿羅漢? 亦是語之所以簡也.
我故曰, 佛言詳於終, 而略於始, 所以无始者必无終. 仙言詳於始而略於終, 所以有安於成始, 而忽於成終者有之. 亦即此序所謂詳炁略神 · 詳神略炁者. 我見諸書, 俱是如此, 故以煉精 · 煉炁 · 化炁 · 化神而全言之. 又煉神還虛爲超出无色界之所必由. 皆爲從前仙聖之所略言者. 但曰九年面壁. 我乃以大定 · 常定之至玄至妙者而歷歷全言, 全之又全. 愿後之人人得與仙佛齊肩, 皆從此『直論』一書悟入.

옛날 선 · 불의 여러 책들은 모두 다 한편으로는 상세하게 말하고 한편으로는 간략하게 말하였다. 예를 들면 선서에는 연정화기[26)]하여 욕계에서 벗어나는 것에 대해 '채취' · '팽연' · '성단' · '복식'이라고 상세하게 말하였지만, 10개월 동안의 연기에 대해서는 단지 '수중'이라고만 말하였고, 화신(연기화신)의 설에 대해서는 다 말하지 않았으니, 이것은 모두 책에서 간략하게 말한 것이다.

그리고 또 예를 들면, 불서에서는 선정 · 색계 · 사선[27)]의 이치를 사용하여 색계에서 벗어나는 것에 대해 상세하게 말하였으니, 이것은 바로 선가에서 말한 기를 수련하여 신으로 전환시켜 정(定)에 들어가는 것이다. 그렇지만 욕계의 단계에서는 선가의 '연정화기'처럼 욕심을 버리고 음란함을 제거해야 하는데도, 단지 '음란을 제거하지 않고

---

26) 연정화기: 초관(初關), 백일관(百日關), 소주천공(小周天功) 등으로 불린다. 연정(煉精)이란 원정(元精)을 단련하는 것이다. 원정을 단련하여 원기(元炁)를 발생시키는 수련을 말한다. 구체적인 수련법은 네 단계가 있다. 첫째는 채약(采藥)이고, 둘째는 봉고(封固)이며, 셋째는 팽련(烹煉)이고, 넷째는 지화(止火)이다. 채약의 단계는 정좌한 상태에서 원기가 발생하면 곧바로 채취하는 것이다. 봉고의 단계는 채약한 원기를 화로에 밀봉하여 누설되지 않게 한다. 팽련의 단계는 하거를 통해 소주천 360바퀴를 돌게 하여 용호가 교구하게 촉진하여 신과 기가 응결하게 하는 단계이다. 지화의 단계는 360후 이후에 양광이 발산하는 신호가 있으면, 내약이 발생한 것으로 곧바로 불을 끄고 7일 동안 대약을 단련하는 것이다. 이 전체의 과정이 100일이 걸리므로 백일관이라고 한다.

27) 선정 · 색계 · 사선: 선정은 정에 든 상태이다. 이를 사선으로 구분한다. 그 내용은 첫째 선은 염주(안정된 마음의 관상)이고, 둘째 선은 식주(안정된 호흡의 관상)이고, 셋째 선은 맥주(안정된 맥의 관상)이며, 넷째 선은 멸진정(마음의 작용이 다해 버린 삼매)이고, 색계는 중생들이 살고 있는 欲界 · 色界 · 無色界 중에서 음욕과 식욕을 벗어난 유정자들이 사는 세계로 물질(色)로 이루어진 세계이다.

선정만 닦아라'라고 말하였다. 이는 마치 모래와 돌을 삶아서는 끝내 밥이 되지 않는 것과 같으니 여래의 열반을 무슨 수로 닦아서 증득할 수 있겠는가? 음란을 마땅히 경계해야 한다고 분명히 말해 놓고 음란의 근기는 말하지 않았으니, 신심이 어떻게 제자리를 얻고 음란의 뿌리를 어떻게 끊어서 누진통[28]을 이루어 죽지 않는 아라한[29]이 될 수 있겠는가? 이 또한 간략하게 말하려고 했기 때문이다.

내가 그렇기 때문에 '불가의 말은 끝은 상세히 하고 시작은 소략하니 그러므로 시작이 없는 자는 반드시 끝이 없기 마련이다. 선가의 말은 시작은 상세하고 끝은 소략하니 그러므로 처음에 이루는 것에 안주하여 끝에 이루는 것을 소홀이 하는 자도 있다'고 말한 것이다. 이것은 또한 이 서문에서 이른바 기에 대해서는 상세히 말하고 신에 대해서는 소략하게 말한 것과 신에 대해서는 상세히 말하고 기에 대해서는 소략하게 말하였다는 것과 같은 것이다. 내가 여러 책을 보건대 모두 이와 같았기 때문에 연정연기와 화기화신으로 전체를 말한 것이다. 그리고 또 연신환허는 무색계로 뛰어나가는 과정에서 반드시 말미암아야 할 길이다. 그런데 이것을 종전에 선성들이 간략하게 말하여 단지 9년 면벽이라고만 하였다. 내가 이에 지극히 현묘한 대정[30] · 상정[31]으로 전체를 낱낱이 말하고 계속 반복해서 말하였

28) 누진통: 누진통은 불교 용어이다. 불교에서는 번뇌를 끊은 지혜를 체득한 아라한의 경지를 누진통이라고 한다.

29) 아라한: 범어로는 arhat, 빨리어로는 arahant이다. 라로한(阿盧漢), 아라가(阿羅訶), 아라가(阿囉呵), 아려가(阿黎呵), 알라갈제(遏囉曷帝) 등으로 부른다. 여래를 부르는 열 가지 명칭 중에 하나이다. 일체의 번뇌를 끊어 없앤 성자를 가리키고, 대승과 소승 불교 중에서 최고의 증과를 얻은 사람의 지위를 일컫는다.

30) 대정: 신과 기가 모두 안정되고 맥과 호흡이 모두 사라져 정(靜)에 들어간 상태를 말한다.

31) 상정: 지속적으로 입정에 들어 있는 상태를 말한다.

다. 후세 사람들은 선 · 불과 더불어 어깨를 나란히 하려고 하면 모두 이 직론 한 권의 책을 통하여 깨달아 들어가기를 바란다.

有不悟諸書之隐言,

여러 책의 은어를 깨닫지 못할 경우에는,

言隐則擬議者難以知隐即喻也. 如『参同契』之喻乾坤 · 喻坎離, 如喻日月 · 喻水火, 如喻彼我 · 喻男女 · 喻夫婦, 如喻龍虎 · 喻烏兎 · 喻龜蛇, 如喻藥物 · 喻鉛汞 · 喻金木, 如喻甲庚乙辛, 喻丙丁壬癸 · 喻戊己 · 喻火候 · 喻鼎器. 如此多喻, 即令人能以喻悟正, 猶且難知. 无奈妖人又且借喻叛正以惑學者, 人將何以参悟哉? 故抱朴子云 "考覽奇書, 既不少矣率多隐語, 難以卒解. 而意之所疑, 又无可咨問"是也.

말이 숨어 있으면 비유하여 논한 것을 알기 어려우니 숨어 있다는 것은 바로 비유한 것이다. 예를 들면 『참동계』[32]에서 건곤을 비유할 적에는 감리라 하였고, 일월을 비유할 적에는 수화라 하였고, 피아를 비유할 적에는 남녀라 하고 부부라 하였고, 용호를 비유할 적에는 오토라 하고 귀사라 하였고, 약물을 비유할 적에는 연홍이라 하고 금목이라 하였고, 갑경을신을 비유할 적에는 병정임계라 하고 무기라 하고 화후라 하고 정기라 하였다. 이와 같이 비유를 많이 한 것은 사람들로 하여금 비유를 통해서 바르게 깨닫게 하려는 것인데도 여전히 알기 어렵다. 그런데 애석하게도 요사한 사람들이 또다시 비

32) 『참동계』: 『주역참동계(周易参同契)』를 말한다. 위백양이 지었다고 하는 외단서로, '만고단경왕(萬古丹經王)'이라는 별명이 붙어 있다. 중국도교사에서 외단서로, 내단서로 지속적인 주석이 이루어진 책이다.

유를 빌려서 바른 것을 뒤집어서 학자들을 현혹시켰으니, 사람들이 어떻게 참고하여 깨달을 수 있겠는가? 그러므로 『포박자』에 말하길 “기이한 서적을 이미 적지 않게 보았지만 대부분 은어가 많아서 결국 해석하기가 어렵고 의중에 의심나는 바도 물을 곳이 없다”라고 하였는데, 바로 이를 두고 한 말이다.

必當從此證鑽其顯.

반드시 이 책을 통하여 그 드러난 것을 증거 삼아 규명해야 할 것이다.

人身中只有精 · 炁 · 神三寶, 爲得生之本, 此論所說神與精, 祗用先天, 忌至後天, 而炁不能无先後天之分用, 此語說得何等顯明 !
『心印經』曰, “上藥三品, 神與炁精.” 已直言之矣. 百日内之理, 我顯言精 · 炁 · 神者, 亦遵之也. 養胎定神, 只有神炁二者, 『胎息經』曰, “若欲長生, 神炁相住.” 已直言之矣. 爲十月内之理, 我于此顯言神 · 炁者, 亦祖述之也. 固不敢巧立幻言以爲顯, 又不敢重立喻言而終成不顯. 熟古昔諸書, 近于有道之世, 可易明易悟, 雖借喻言亦无害.
今之世, 傍門邪說横行, 遍滿天下, 各立門户, 借喻誑人, 令學者无所從由. 於此不可復用喻言之世, 不得不顯言直論, 以開正門, 闢正路, 接引後聖, 而易悟入. 我之愿也, 敢不勉焉而直論之哉?
사람 몸속에는 정 · 기 · 신 세 보물이 있어서 삶의 근본이 되는데, 이 논에서 말한 신과 정은 다만 선천에서만 사용하고 후천에서는 사용할 수 없지만 기는 선후천을 나누어 사용하지 않을 수 없다고 하였으니, 이 말이 얼마나 명쾌하게 말한 것인가.
『심인경』[33]에 말하길, ‘최상의 약 세 종류는 신 · 기 · 정이다’라고 하였으니, 이는 이미 직설적으로 말한 것이다. 백 일 동안의 수련 이치에 대하여 내가 정 · 기 · 신이라고 분명하게 말한 것도 『심인경』의 말을 따른 것이다. 태를 기르고 신을 안정시키는 것은 다만 신 · 기 두 가지에 있다고 하였는데, 이것은 『태식경』[34]에서 말한, '만약에 장생하려거든 신 · 기가 함께 있어야 한다'라고 이미 직설적으로 말했기 때문이다. 십 개월 동안 수련하는 이치에 대하여 내가 이 책에서 신 · 기라고 분명하게 말한 것도 『태식경』에 근거한 것이지, 정말로 감히 교묘하게 허황된 말을 만들어서 드러내려고 한 것이 아니며, 또 감히 거듭 비유한 말을 만들어 끝내 드러나지 않게 하려고 한 것도 아니다. 익히 생각해 보건대, 옛날의 서적들은 도가 있는 세상과 가까워서 밝히기 쉽고 깨닫기 쉬우므로 비록 비유하는 말을 빌려오더라도 해가 없었다.

그렇지만 오늘날 세상에는 방문과 사설이 횡행하여 가득 찼고, 각각의 문파를 세우고 비유를 빌려 와 사람을 속이니, 학자들로 하여금 배워 들어갈 길이 없게 하였다. 이에 다시금 비유한 말을 써서는 안 될 이 세상에서, 부득불 분명하게 말하고 직설적으로 논함으로써 바른 문을 열고 바른 길을 개척하여 후세의 성인을 이끌어 쉽게 깨닫게 들어가게 할 수밖에 없었다. 이것이 나의 소원인데, 어찌 감히 힘써서 직설적으로 논하지 않을 수 있겠는가?

---

33) 『심인경』: 『고상옥황심인경(高上玉皇心印經)』을 줄여서 『심인경』이라고 한다. 편찬인은 알 수 없다. 대략 당 말 송 초에 출간된 책으로 1권으로 구성되어 있다. 『도장』 통진부 본문류에 수록되어 있다.

34) 『태식경』: 『고상옥황태식경(高上玉皇胎息經)』을 줄여서 『태식경』이라고 한다. 편찬인은 알 수 없다. 대략 당 말에 출간된 것으로 1권으로 구성되어 있다. 『도장』 통진부 본문류에 수록되어 있다. 당나라 때에 유진(幼眞)선생이 주석한 것이 『운급칠첨(雲笈七籤)』권6에 수록되어 있다.

讀此者了然解悟,

이 책을 읽는 사람이 분명하게 이해한다면,

後聖得『直論』而讀者, 必得頓然解悟. 我以四十余年究竟之力而悟, 後聖不終三日, 徹見而徹知, 并解悟二經之法旨, 不大便益耶?

후세의 성인 중에 『직론』을 구하여 읽은 자는 반드시 하루아침에 이해하여 깨달을 것이다. 내가 40여 년 동안 온갖 힘을 다하여 깨달은 것을 후성들은 3일이 채 안 되어 분명하게 알 수 있을 것이며, 아울러 2경[35]의 법에 대해서도 깨닫게 될 것이니 어찌 매우 편리하고 매우 유익하지 않겠는가?

則其超凡入聖端在玆乎.

범인을 벗어나 성인으로 들어가는 것이 오로지 여기에 있다고 하겠다.

古人有一字之師, 有一句之師. 曾謂此論注已六萬言矣, 不可師教未來際聖眞哉? 即其解悟能由于此, 修證亦必由于此矣, 其因果必不昧.

옛사람 중에는 한 글자를 가르치는 스승이 있기도 하고 한 구절을 가르치는 스승이 있기도 하였다. 그런데 이 논의와 주석은 이미 육만 마디의 말이나 되는데 미래 시대의 성인과 진인을 가르칠 수 없다고 말할 수 있겠는가. 그렇다면 그 깨달음도 여기를 통해서 될 것이고 그 수증(修證)도 반드시 이 과정을 말미암아 이루어질 것이니, 그 결과가 반드시 어둡지 않을 것이다.

35) 2경: 미상이다.

時

大明崇禎十二年己卯秋, 邱眞人門下, 第八派,

分符領節, 弟子冲虛伍守陽, 序於南都燈市, 道隐齋中.

때는 명나라 숭정 12년 기묘년(1639) 가을에 구 진인 문하의 제8파인 부절을 나누어 찬 제자 충허 오수양은 남도의 등시 도은재에서 서문을 쓴다.

天仙正理直論增註

大明萬曆中, 睿帝閣下, 吉王國師, 維摩大夫季子, 三教逸民, 南昌縣, 辟邪裏人, 沖虛子 伍守陽讚. 同祖堂第同師第, 眞陽子 伍守虛同註.
대명 만력 무렵 예제각하 길왕국사 유마대부 막내아들, 삼교일민인 남창현 벽사리 사람 충허자 오수양이 찬하였다. 집안사람이자 같은 스승의 제자인 진양자 오수허가 함께 주석을 냈다.

道源淺說篇

【本曹還陽老師平常言教之目, 門下伍子發明爲總綱】
본래 조환양 노사께서 평상시에 말씀하여 가르치신 조목을 문하인 오자가 그 뜻을 밝혀서 총강령으로 삼았다.

伍子道源淺說發明曰, 仙家修道爲仙, 初證則長生不死,

오자가 『도원천설』을 밝혀 말하기를 "선가에서 도를 닦음은 '신선'이 되고자 하는 것이니 초증(처음의 증험)은 장생불사가 되고",

伍眞陽注云, "人人同此生, 有長其生而不死者, 乃仙宗有修, 有證之聖人也, 與無修證 · 有生死之凡夫不同." 所以, 欲高出于人之上者, 不可無修證也. 修之初, 煉身中之元精不離元炁, 而復還化元炁, 古聖謂之煉精化炁. 煉到炁足, 即爲初修之證. 氣果足而无漏竅, 便長生不死, 成漏盡神通, 出欲界矣, 此由築基之果成. 鐘離眞人『傳道集』謂'是初學之小成' 是也.

昔吉王太和問曰, "人言長生不死最難得者 · 最大之事. 老師今淺明言之, 但曰初證者, 請再詳之." 冲虛子曰, "初修, 煉腎中眞陽之元精, 謂之築基. 陽精煉得不漏而返成炁, 漸修漸補, 得元炁足, 如童子之完體, 方是築基成者. 基成則永无漏之果從此始, 故曰初證, 此由百日之得果也. 後面有十月化神, 九年還虛, 正是大事, 與天地同久, 正得大果, 謂之大成是也. 世人不知後證之大, 只止于此, 便以此爲大. 故吕祖云, '修命不修性, 如何能入聖?' 以其神不通靈, 故又言, '壽同天地一愚夫'是也." 太和曰, "今聞教, 始知天仙之道爲至大."

오진양이 주석[1])하여 말하기를, "사람마다 똑같이 태어났지만, 죽지 않고 오래 사는 사람이 있으니, 이들이 바로 선종(仙宗)에서 수행과 그 증과가 있는 성인으로서, 수행과 그 증과가 없고 생사만 있는 범부

1) 오진양의 주: 오충허의 제자 오수허(伍守虛)의 주를 말한다. 이후 '**眞陽曰**'로 시작하는 주석은 모두 오수허의 주석이다.

와는 같지 않다"라고 하였다. 그러므로 범부를 뛰어넘으려고 하는 자는 수행과 그 증과가 없어서는 안 된다. 수련의 초기에 몸 가운데의 원정을 단련하여 원기와 떨어지지 않게 하여 다시 돌이켜 원기로 변화하게 하는 것을 옛날 성인이 '연정화기'라고 하였다. 단련하여 기가 족한 데 이르면 바로 이것이 처음 수련의 증험이 된다. 기가 과연 충족해지고 새어 나가는 구멍도 없으면 죽지 않고 오래 삶으로써 누진신통을 이루어 욕계에서 벗어나니, 이것은 축기로 말미암아 이루어진 결과이다. 종리 진인의 『전도집』[2]에 "이것은 처음 수련을 배운 사람이 조그맣게 이룬 것이다"라고 하였으니 이를 두고 한 말이다.

옛날의 길왕 태화전하[3]께서 묻기를 "사람들은 장생불사에 대해서 최고로 얻기 어려운 것이며 최대의 일이라고 말하였습니다. 그런데 지금 선생께서는 쉽게 천명하여 다만 '초증'이라고만 말씀하였으니, 다시 상세하게 설명해 주었으면 합니다"라고 하였다. 충허자가 대답하기를 "처음 수련할 때에 신장 가운데 진양의 원정을 단련하는 것을 '축기'라고 합니다. 양정을 세지 않게 수련하고 그것을 되돌려 기를 이룬 다음에 점차로 닦고 점차로 보완하여 원기가 충족되어 마치 어린아이의 완전한 몸처럼 되어야만 비로소 축기가 이루어진 것입니다. 축기가 이루어지면 영원히 새지 않는 공효가 여기에서부터 시작되기 때문에 '초증'이라고 말한 것이니, 이것은 백 일의 수련을 통

2) 『전도집』: 이 책은 『종려전도전집』이다. 종리권이 여동빈에게 단법을 전수하면서 문답한 것을 기록한 책이다. 대략 당 말 오대 때의 책이다. 『도장』 통진부 방법류에 수록되어 있다.

3) 길왕 태화: 길왕이 누구인지에 대한 학설은 분분하다. 다만 『선불합종』의 문답편에 나오는 길왕 전하 태화는 법명은 태화이고, 호는 수운이며, 순예(淳睿) 황제의 증손으로 기록되어 있다.

해서 얻어진 결과입니다. 뒷부분에서 10개월간 기를 단련하여 신으로 변화시키고, 9년간 신을 단련하여 허로 되돌리는 것은 바로 큰일이고, 천지와 더불어 장구하는 것이 바로 대과(大果)를 얻은 것이니 그것을 일러 '대성'이라 한다고 하였는데, 바로 이를 두고 한 말입니다. 그런데 세상 사람들이 후에 증득할 큰일을 알지 못하고 수련의 공부를 단지 여기에 그쳐서는 이것을 크다고 여깁니다. 그러므로 여조(여동빈)가 말하기를 '명만 닦고 성을 닦지 않으니 어떻게 성인의 경지로 들어갈 수 있겠는가?'라고 하였습니다. 그 신으로 영을 통하지 않기 때문에 또한 말하기를 '수명이 천지와 같은 한 어리석은 사내'라고 하였으니 이를 두고 한 말입니다"라고 하였다. 그러자 태화가 말하기를, "지금 가르침을 듣고 비로소 천선의 도가 지극히 큼을 알았습니다"라고 하였다.

極證, 則统理乾坤.

마지막 증험은 건곤(천지)을 통괄하여 다스린다.

眞陽曰, "由色界之修證而上, 歷无色界之修證而超出, 永與虛空同體, 證天仙矣.", 鐘離眞人謂之'中成, 大成'是也. 得到天仙, 即理天上之事, 與天地同長久. 邱眞人云, '寸地尺天, 皆有所轄, 无空隙處'是也. 昔吉王殿下問曰, "天仙, 虛无之極, 如何统理乾坤?" 冲虛子曰, "初修時, 主顚倒乾坤, 主天地交泰, 亦是统理之始. 道成時, 如太上三大天尊之主玉清 · 上清 · 太清者, 玉帝爲萬天之主者, 玄帝之北極鎭天者. 東華之帝東方者, 世尊在西方救世度人者. 天官管天, 地官管地, 水官管水者, 三清有九霄三十六洞天之理者, 有二十四治之理者, 如張天師管陽平治之類. 塵世之下, 有八十一洞天之理者, 有五嶽之主者. 唐李靖主中嶽者, 漢張子房主王屋山者, 許旌陽爲丹台宮主者, 王喜先生爲蓬萊上島主者, 涓子爲中島主者, 陳摶爲蓬萊下島主者, 鐘離眞人爲南洲講法師者, 邵堅爲匡廬山主. 楊太君爲天台山主, 三茅眞君主三元罪福事. 此皆出于太淸玉華仙書之說及世人傳誦者. 以此觀之, 邱眞人之言亦先發明之者矣." 王曰, "是."

진양이 말하기를 "색계의 수증 과정을 통해 올라가고 무색계의 수증을 거쳐 벗어나 영원히 허공과 체를 함께하면 천선을 증험할 것이다"고 하였고, 종리 진인은 '중성(中成)', '대성(大成)'이라고 하였는데, 바로 이를 두고 한 말이다. 천선의 경지에 이르면, 즉 천상의 일을 다스릴 수 있어서 천지와 오랫동안 함께할 수 있다. 구 진인이 말하기를 "손바닥만 한 땅과 하늘도 모두 관할하는 바가 있어서 소속되지 않은 빈 공간이 없다"라고 하였으니, 이를 두고 한 말이다. 길왕 전하가 묻기를 "천선은 극도로 허무한 것인데, 어떻게 건곤을 통괄하여 다스릴 수 있습니까?"라고 하니, 충허자가 말하기를 "처음 수련하는 때에는 주로 건곤을 전도시키는 것과 주로 천지가 서로 사귀게 하는 것이 또한 통괄하여 다스리는 시작입니다. 도가 이루어지면 천상의 삼대 천존이 옥청, 상청, 태청을 주관하는 것[4]과, 옥황상제가 온갖 하늘의 주인이 되는 것과 현제[5]가 북극의 하늘을 지키는

4) 천상의 삼대 천존이 ~ 주관하는 것: 도교에서 도와 기가 변화하여 삼청의 존귀한 신이 된다고 한다. 원시천존은 옥청경에 거주하고, 영보천존은 상청경에 존재하며, 도덕천존은 태청경에 존재한다. 이들은 도교가 숭배하는 최고의 신들인데, 이 중에서 원시천존이 가장 존귀하지만, 도덕천존이 가장 영향력이 크다. 도덕천존은 노자가 신으로 받들어진 것으로, 도교를 창시한 신으로 인식된다.

5) 현제가 북극의 하늘을 지키는 것: 현제는 진무대제(眞武大帝) 혹은 진무진군으로 불린다. 고대 신화 속의 북방의 신이었는데, 도교에서 북방의 일곱 별자리의 임금으로

것과, 동화[6)]가 동방의 임금이 되는 것과 세존이 서방에서 세상을 구제하고 백성을 제도하는 것과 같이 됩니다. 그리고 천관은 하늘을 관장하고 지관은 땅을 관장하고 수관은 물을 관장하는 것[7)]과 같이 되며, 삼청에는 9개의 하늘[8)]과 36동천[9)]의 이치가 있고 24개의 다스리는 이치[10)]가 있으니 장천사(장릉)[11)]가 양(陽)을 관장하여 평화롭게 다스렸던 유와 같이 됩니다. 그리고 속세에 81동천의 이치가 있는 것[12)]과 오악의 주인이 있는 것과, 당나라 이정[13)]이 중악을 주관

신앙하게 되었다.

6) 동화: 동화제군을 말한다. 동왕공(東王公), 목공(木公), 동왕부(東王父), 동화제군(東華帝君), 부상대제(扶桑大帝) 등으로 불린다. 원래는 고대 신화 속의 남자 신이었다. 『신이경』에는 "동황산 속 큰 석실에 동왕공이 거처한다. 키는 한 장이며, 머리는 하얀 데다가 사람의 모습에 새의 얼굴을 하고 호랑이 꼬리를 가졌다"고 기록되어 있는데, 후대 도교가 관장하는 남자 신선 명부에는 신선의 우두머리로 기록되어 있다.

7) 천관은 하늘을… 수관은 물을 관장하는 것: 삼관제군(三官帝君) 혹은 삼원대제(三元大帝)인 천관, 지관, 수관을 말한다. 이는 초기 도교에서 최초로 제사를 지낸 신령들이다. 삼관의 신앙은 고대의 자연숭배 사상에 기인한 민간신앙의 형태이다.

8) 삼청에는 9개의 하늘: 하늘에는 9개의 다른 天界가 있다고 한다. 이들에는 각기 다른 大帝가 살고 있다고 한다. 가령 『수진태극혼원도(修眞太極混元圖)』에는 신소(神霄)에는 옥청대제(玉淸大帝)가 산다거나, 청소(靑霄)에는 호생대제(好生大帝)가 산다거나 하는 등, 각기 다른 하늘에 각기 다른 신들이 거주한다는 도교의 학설이다.

9) 36동천: 상선(上仙)이 거처하는 곳이다. 『운급칠첨』권27에 상세한 동천들이 나온다.

10) 24개의 다스리는 이치: 한 말 장릉이 촉 지방에 세운 24개 지역으로 도사들이 신직(神職)을 담당하던 곳이다.

11) 장천사(장릉): 장릉(張陵, ?~156)을 말한다. 장천사(張天師)라고도 한다. 동한 시기의 오두미도 창시자이다. 페국풍(沛國豊) 사람이다. 소년 시기에 『노자』 및 천문지리, 하락도참 등을 공부하였고, 일찍이 태학에 들어가 오경에 통달하였다. 현량방정직언극간과에 합격하였다. 동한 명제시기에 파군 강주의 수령이 되었다. 이후 관직은 그만두고 北邙山에 은거하여 장생의 도를 닦았다. 조정에서 수차례 불렀지만 모두 응하지 않았다. 동한 순제 연간에 파촉 지방에 명산이 많고 민간의 풍속이 순후하다는 말을 듣고, 제자들을 데리고 촉으로 가서 학명산에 은거하면서 도를 닦았다. 태상노군이 그에게 '삼천정법'을 주었다고 한다. 이를 '삼천법사정일진인'이라고 부른다. 오두미도(정일맹위지도)를 창립하여 노자를 교주로 높이고, 『도덕경』을 경전으로 삼았다.

12) 속세에 81동천의 이치가 있는 것: 도교의 신선이 거처하는 명산승경(名山勝境)으로, 이를 동천복지(洞天福地)라고 하기도 한다.

하는 것과, 한나라의 장자방[14]이 왕옥산을 관장하는 것과 허정양[15]이 단대궁의 주인이 되는 것과 왕희 선생[16]이 봉래상도의 주인이 되는 것과, 연자[17]가 중도의 주인이 되는 것과 진단이 봉래하도의 주인이 되는 것과 종리 진인[18]이 남주강법사가 되는 것과, 소견[19]이 광려산의 주인이 되는 것과, 양태군[20]이 천태산의 주인이 되는 것과 삼모 진군[21]이 삼원비복사를 주관하는 것과 같이 됩니다. 이것은 모

---

13) 당나라 이정: 미상이다.

14) 장자방: 장양(張良)이다. 자는 자방(子房)이고 시호는 문성공(文成公)으로, 한나라 명문 출신이다. B.C. 218년 박랑사(博浪沙: 河南省 博浪縣)에서 시황제(始皇帝)를 습격했으나 실패하고, 하비 땅에 은신하고 있을 때 황석공(黃石公)으로부터 『태공병법서(太公兵法書)』를 물려받았다고 한다. 진승(陳勝) · 오광(吳廣)의 난이 일어났을 때 유방의 진영에 속하였으며, 후일 항우(項羽)와 유방이 만난 '홍문의 회(會)'에서는 유방의 위기를 구하였다. 선견지명이 있는 책사(策士)로서 한나라의 서울을 진(秦)나라의 고지(故地)인 관중(關中)으로 정하고자 한 유경(劉敬)의 주장을 지지하였다. 소하(蕭何)와 함께 책략에 뛰어나 한나라 창업에 힘썼다. 그 공으로 유후(留侯)에 책봉되었다.

15) 허정양: 허손(許遜, ?~374)을 말한다. 진나라 사람으로 자는 경지(敬之)이다. 오맹과 도를 배웠다. 정양 땅의 현령을 역임하였는데, 선정을 베풀어 현의 사람들이 그를 매우 좋아하였다고 한다. 진나라 왕실의 난리 때 관직을 버리고 심모(諶母)를 스승으로 모시고 태상영보정명법(太上靈寶淨明法)을 구하였다. 후대 사람들은 그를 정명파(淨明波), 여산파(閭山波)의 개산조사로 추대한다.

16) 왕희 선생: 남송시대 죽주부 리인 사람으로, 자는 열도(悅道)이다.

17) 연자: 진한시대의 방사이다.

18) 종리 진인: 종리권을 말한다. 당 말 오대의 경조 함양 사람이다. 자는 운방(雲房)이고, 한종리(漢鍾離)라고도 불린다. 왕현보(王玄甫)에게 공부하여 장생의 도를 얻었다. 난리를 피해 종남산에 들어가 석벽 사이에서 『영보필법』을 얻고서 정좌 내시하고, 음양화합을 하여 내외 승강의 이치를 얻었다. 도교에서는 그를 북오조의 한 사람으로 높인다. 세상에서는 정양조사라고 칭한다. 제자로는 여동빈, 진박, 정문숙, 왕로지 등이 있다. 여동빈이 그의 내단학설을 계승하여 종려내단학파를 형성하였다. 민간 전설에서는 팔선 중의 한 사람으로 부른다.

19) 소견: 명나라 절주부 오현 사람이다. 자는 불린(不磷)이다. 산수화를 잘 그렸다.

20) 양태군: 미상이다.

21) 삼모진군: 모영(茅盈), 모고(茅固), 모충(茅衷) 형제 3인을 말한다. 진나라 때에 모산(茅山)에 은거하여 수련을 통해 신선이 되었다. 모산에서는 그들을 조사로 봉숭하고 있다.

두 『태청옥화선서』[22]에서 말한 것과 세상 사람들에게서 전송되는 것에서 나온 것입니다. 이로써 본다면 구 진인의 말씀은 또한 먼저 제기하여 밝힌 것입니다"라고 하니, 길왕 전하가 "옳다"고 말하였다.

古今人人羡慕而愿學者.

고금의 사람들이 모두 다 연모하여 배우기를 원하였다.

世聞仙能不死, 又有神通, 誰不羡慕? 又見紫陽云, '學仙須是學天仙, 唯有金丹最的端.' 誰不愿學? 又『因果經』云, 佛啓父王曰, '我欲出家, 爲有四愿. 愿不老, 愿恒少壯, 愿无病, 愿不死.' 此見仙佛同愿.

세상 사람들이 신선은 죽지 않고 또 신과 통한다는 말을 듣고, 그 누가 연모하지 않겠는가? 세상 사람들이 또 자양이 말하는 '선도를 배우려면 모름지기 천선을 배워야 하니 오직 참된 길은 금단뿐이다'라고 하는 말을 보고, 그 누가 배우려고 하지 않겠는가? 또『인과경』[23]에서 부처가 부왕에게 말하기를 '제가 출가를 하려는 것은 네 가지 소원이 있기 때문입니다. 그것은 늙지 않기를 원하고, 항상 젊기를 원하고, 병이 없기를 원하고 죽지 않기를 원하는 것 입니다'라고 하였으니, 여기에서서 선가와 불가가 소원이 같음을 볼 수 있다.

---

22) 『태청옥화선서』: 『태청금궐옥화선서팔극신장삼황내비문(太淸金闕玉華仙書八極神章三皇內秘文)』을 말한다. 이 책은 『도장』 통신부 방법류에 실려 있다. 내용은 신을 부르는 것, 귀신을 부리는 것, 삿된 것을 물리고 세상을 구제하는 주문 등 내용이 실려 있다.

23) 『인과경』: 『과거현재인과경』의 약칭이다. 따로 『불설인과경』1권이 있는데, 구마라즙이 번역하였다.

但道理精深, 人人未必能曉,

그렇지만 도리가 정밀하고도 깊어서 사람마다 반드시 깨달을 수 없으므로,

古聖高眞, 借法象爲喩. 而法象實非眞我性命, 權指身心粗迹之近于己者, 以示人. 而實悟入于未有身 · 未有心之上, 斯所謂精深也. 後世人遂以法象而執之. 如銅人身上用針灸, 何以愈人身之病? 所隔者遠也. 遂冒認身心而揣摩, 如將甘蔗囫圇一呑, 亦何得有其滋味, 此由未能曉之故也.

옛날의 성인들과 높은 진인들은 법상을 빌려서 비유로 삼았다. 그런데 법상은 실로 진짜 나의 성명이 아니고 자신에게 가까운 심신의 투박한 껍데기를 임시로 가리켜서 사람들에게 보인 것이다. 그렇지만 실로 그 법상을 통해 깨달아 몸도 없고 마음도 없는 경지로 들어가는 것이니, 이것이 이른바 '정밀하고도 깊다'는 것이다. 그런데 후세의 사람들이 마침내 법상에만 집착하였다. 이는 마치 동으로 만든 사람의 몸에다 침놓고 뜸뜨는 것과 같으니, 어떻게 사람의 병을 치료할 수 있겠는가? 진실과의 거리가 멀다. 심신을 잘못 알고 추측함이 마치 사탕수수 토막을 한입에 삼키는 것[24]과 같으니, 또 어떻게 그 진짜 맛을 알 수 있겠는가? 이것이 바로 깨닫지 못하였기 때문이다.

予欲爲衆淺說之, 以發明前聖之所未發者.

내가 대중을 위해 쉽게 말하여 과거의 성인들이 미처 밝히지 않은

24) 마치 사탕수수… 삼키는 것: 일을 소홀히 하거나 임시방편으로 우물쭈물 넘김을 비유한 말이다.

바를 제기하여 밝혔다.

前所未發者亦多. 如煉神還虛之理, 如煉精止火之機, 如辨採藥之何爲眞精, 如剖周天之何爲大, 何爲小, 如超脫以五龍之捧, 如常定喻乳哺之養兒, 皆是, 今皆有發明精切語.

과거에 밝히지 않은 것이 또한 많다. 예를 들면 신을 단련하여 허로 되돌리는 이치, 정을 단련하여 불을 끄는 기틀, 채약할 때에 무엇이 진정(眞精)이 되는가를 분별하는 것, 주천에서 어떤 것이 크고 어떤 것이 작은지를 분석하는 것, 오룡의 봉으로[25] 초탈하는 것, 상정(常定)을 아이에게 젖 먹여 기르는 것으로 비유하는 것이 모두 그러한 것들인데, 지금 모두 정밀하고 친절한 말로 제기하여 밝혔다.

夫所謂道者,

대체로 이른바 도라는 것은

道字, 卽人所以生死 · 所以修證, 必然由之而不可无者不可不知者.

'도'라는 것은 사람의 살고 죽는 것과 닦고 증험하는 데에 반드시 말미암는 것이므로, 없어서도 안 되고 몰라서도 안 되는 것이다.

是人所以得生之理,

바로 사람이 생명을 얻는 이치로써,

---

25) 오룡의 봉으로: 고대 전설 속 다섯 개 얼굴에 용의 몸을 가진 신선으로, 도교에서는 오행신으로 부른다. 『천선정리』에서는 '오'는 토의 수(數)이고 참된 뜻은 토에 속하는 것으로 본다. '용'은 원신이고 원신은 참된 뜻의 체득한 것으로 본다. 참된 뜻을 써서 대약을 끌어오는 것을 '오룡봉성'이라고 한다.

道之用于化生, 謂之精 · 炁 · 神. 化生而爲人之身, 故精 · 炁 · 神之化生人, 即是道之化生人.
도가 화생 작용하는 것을 일러 정 · 기 · 신이라고 한다. 화생 작용으로 사람의 몸이 되기 때문에, 정 · 기 · 신이 사람을 화생하는 것이며, 즉 도가 사람을 화생하는 것이다.

而所以養生致死之由.
이로 말미암아 죽고 사는 것이다.

既生有其身, 由精炁神盛旺則生得所養而全天年, 由道也. 精炁神衰竭則形枯而致死, 亦由道之所致.
이미 태어나 그 몸이 있은 후에 정 · 기 · 신이 왕성하면 삶이 함양되어 천수를 다 누리게 되니, 도를 말미암은 것이다. 그리고 정 · 기 · 신이 쇠퇴하여 없어지면 형체가 말라 죽음에 이르게 되니, 이 또한 도로 인하여 초래하는 것이다.

修道者, 是即此得生之理, 保而還初, 使之長其生而不死之法.
도를 닦는다는 것은 바로 생명을 얻는 이치로 나아가, 이를 보존하여 처음으로 돌아가 장생하고 죽지 않게 하는 법이다.

眞陽曰, 按昔『太上養生胎息氣經』云, “精全炁全, 精泄炁泄, 唯精與炁, 須保全眞.” 是此義也. 故此書亦直說修煉精 · 炁 · 神, 保守眞元, 補還具足如初. 即所謂三眞三全, 必定神仙是也.
진양이 말하길, 살펴보건대 옛날 『태상양생태식기경』[26]에 말하기를 “정이 온전하면 기도 온전하고 정이 세면 기도 세니 오직 정과 기를 반드시 온전하게 보전해야 한다"라고 하였는데 바로 이 뜻이다. 그러기 때문에 이 책에서도 곧바로 "정 · 기 · 신을 수련하여 진원을 보존하고 지킴으로써 처음처럼 온전히 갖추어진 상태로 되돌려야 한다"고 말하였다. 이것은 바로 이른바 "정 · 기 · 신 삼진이 모두 다 온전하면 반드시 신선이 된다"는 말이 바로 이것이다.

得生之理者, 一陰一陽爲一性一命, 二者全而爲人也.
생명을 얻는 이치라는 것은 일음일양이 일성일명이 되니, 이 두 가지가 온전해야 사람이 된다.

眞陽曰, "旣性命雙全, 方成得一箇人. 亦必性命雙修, 方成得箇仙佛. 未有二者不全而能成人成仙佛." 必以順之成人者, 以逆成仙佛, 所以知爲仙佛由于爲人.
진양이 말하길, "성명이 둘 다 온전하고 나서야 비로소 사람이 될 수 있고, 또한 반드시 성명을 둘 다 닦아야만 비로소 신선이나 부처가 될 수 있지, 두 가지가 온전하지 않고서는 사람이 되거나 신선과 부처가 되는 경우는 있지 않다"라고 하였다. 반드시 순행하여 사람이 되는 것을 거슬러야 신선과 부처가 되기 때문에, 신선이나 부처가 되는 것은 사람이 되는 과정을 통해서 알 수 있다.

何以謂之陰陽性命? 當未有天地, 未有人身之先, 總屬虛无, 如『易』所謂无極而太極時也.
무엇 때문에 음양과 성명이라고 하였는가. 천지가 아직 있기 이전과

26)『태상양생태식기경』: 편찬인은 알 수 없다.『도장』통신부 방법류에 수록되어 있다.

사람의 몸이 아직 있기 이전에는 모두 허무에 속하니, 『역』에 이른바 '무극이태극'이라는 때와 같다.

眞陽曰, "太極是一炁之極至處, 无極是一炁之極无處. 无極在太極之先. 太極雖有一炁, 无陰陽動靜, 所謂鴻蒙未判之時也."
진양이 말하길, "태극은 일기가 극히 지극한 곳이고 무극은 일기가 극히 없는 곳이다. 그러므로 무극은 태극의 앞에 있다. 태극은 비록 일기가 있지만 음양의 동정이 없으니, 이른바 혼연하게 뒤섞여 나뉘지 않은 때이다"라고 하였다.

無中恍惚, 若有一炁,
무 가운데 황홀한 상태에 일기가 있는 것 같으니,

正言鴻蒙未判而將判者. 判, 言分也. 未分陰陽動靜也.
바로 혼연하게 뒤섞여 나뉘지 않아 장차 나뉘려 하는 것을 말한 것이다. '판(判)'은 나뉨을 말한 것이다. 음양의 동정이 나뉘지 않았다는 것이다.

是名道炁, 亦名先天炁.
이것을 도기라고 하고 또한 선천기라고도 한다.

以恍惚將判言先天炁, 必如此時此景象之炁, 方是虛之極 · 靜之篤者, 爲至清可煉金丹之藥物. 不如是, 炁非先天.
황홀한 상태에서 장차 나뉘려 하는 것으로서 선천기를 말하였으니, 반드시 이때에는 이러한 상태의 기라야 바야흐로 극도로 허하고 매우 고요하며 지극히 맑아서 단련할 수 있는 금단의 약물이 되니, 이와 같지 않으면 그 기는 선천의 상태가 아니다.

此炁久靜而一, 漸動而分, 陽而浮爲天, 比如人之有性也, 陰而沉爲地, 比如人之有命也.

이 기가 오랫동안 고요하여 하나로 있다가 점차로 움직여 나뉘면 양은 위로 떠서 하늘이 되니 사람에게 성이 있는 것과 같고, 음은 아래로 가라앉아 땅이 되니 사람에게 명이 있는 것과 같다.

冲虛云, "此言陰陽性命皆在動分後說的, 不兼靜一說.", 吉王問曰, "動分已與靜爲二矣. 動後, 又可于動, 言分陰陽爲二乎?", 冲虛云, "古云'一生二 · 二生三', 見得是如此, 便說如此."

충허가 말하길, "이것은 음양과 성명이 모두 동하고 난 이후의 상태를 말한 것이고, 고요하여 하나인 상태를 아울러 말한 것이 아니다"라고 하였다. 길왕이 묻기를, "동하여 나뉘면 이미 정과 더불어 둘이 됩니다. 동한 이후에 또 동의 상태에서 음양을 나누어 둘로 말할 수 있습니까"라고 하니, 충허가 답하길, "옛날에 '일이 이를 낳고 이가 삼을 낳는다'고 했는데, 견해가 이와 같으면 이와 같이 말할 수 있다"라고 하였다.

陽動極而靜, 陰靜極而動,

양이 움직여 극에 이르면 고요하고 음이 고요하여 극에 이르면 움직이니,

動靜原是循環不已的.

동하거나 정한 것은 원래 순환하여 그침이 없는 것이다.

陰陽相交之氣而遂生人.

음양이 서로 사귀는 기 때문에 드디어 사람을 낳는다.

陰陽不交, 則天地不能生. 无炁之人, 必不能修无元氣之仙佛. 必陰陽二炁交而後生人 · 生仙佛也.

음과 양이 서로 사귀지 못하면 천지가 생성할 수 없고, 기가 없는 사람은 반드시 원기조차도 없는 신선과 부처를 닦을 수 없다. 그러므로 반드시 음양 두 기가 사귀고 난 뒤에야 사람을 낳고 신선과 부처를 이루는 것이다.

則人之所得爲生者, 有陰陽二氣之全, 有立性立命之理. 故曰, "人生一小天地"者也.

그렇다면 사람이 태어나는 것은 음양 두 기의 온전함 때문이고, 성명이 수립된 이치가 있어서이다. 그러므로 "사람의 몸은 하나의 작은 천지"라고 하는 것이다.

此结上陰陽性命之說. 以下正說修行之事.

이것은 앞의 음양성명의 설을 매듭지은 것이고, 다음은 수행의 일을 설명한 것이다.

禀此陰陽, 二炁順行, 隨其自然之變化則生人, 逆而返還修自然之理則成仙成佛. 是以有三次變化而人道全.

이 음양을 품부받아 두 기가 순행하여 그 자연의 변화를 따르면 사람을 낳게 되고, 거슬러 되돌아가 환원하여 자연의 이치를 닦으면 신선과 부처를 이룬다. 이러한 까닭에 세 차례의 변화가 있어야 인도(人道)가 온전해지고,

人道者, 生身成人之道也. 一次變化是父母初交, 二炁合爲一炁而成胎也. 二次變化是胎完十月, 有炁爲命, 有神爲性而將産也. 三次變化者是産後長大成人. 精炁盛極, 十六歲時也. 謂之三變者.

인도란 몸을 낳고 사람을 이루는 도이다. 1차 변화는 부모가 처음 교접하여 두 기가 합하여 일기가 되어서 태를 이루는 것이다. 2차 변화는 태가 십 개월에 완성되어 기가 명이 되고 신이 성이 되어 장차 태어나려는 것이다. 3차 변화는 태어난 후에 자라고 커져 사람이 되어 정기가 극도로 왕성한 16세의 때이다. 이상을 세 차례 변화라고 하는 것이다.

亦有三關修煉而仙道得.

또한 삼관의 수련이 있어야 선도가 이루어진다.

初關煉精化炁, 中關煉炁化神, 上關煉神化虛, 謂之三關. 修煉而所以成仙者.

초관은 '연정화기'이고, 중관은 '연기화신'[27]이며, 상관은 '연신환허'[28]이니, 이를 삼관이라고 한다. 이것을 수련하여 신선이 되는 것이다.

---

27) 연기화신: 시월관(十月關), 중관, 대주천공 등으로 불리는 수련 단계이다. 이 단계의 수련은 신과 기를 단련하여 순양의 신으로 귀착시키는 것이다.

28) 연신환허: 상관, 구년관으로 불리는 내단 수련의 최고 단계이다. 출신입화의 이상적 단계이다. 이 단계는 무위의 수련에 의해 대정에 들어가 수행하는 것이다.

順行人道之三變者. 言一變之關, 自无炁而合爲一炁也. 父母二炁初合一於胞中, 只是先天一炁, 不名神炁.

순행하는 인도의 세 차례 변화는 다음과 같다. 일차 변화의 단계는 기가 없는 상태(교합하기 전의 상태)로부터 합하여 일기가 되는 것을 말하는 것이다. 부모의 두 기가 처음에 태 속에서 하나로 합하여 있어서, 이는 선천일기일 따름이므로 신기라고 부르지 않는다.

此時母胞胎中无呼吸元神.

이때는 어머니 태 속에서 있어서 호흡이 없는 원신의 상태이다.

及長似形,

자라서 사람의 형태와 비슷해지면,

胎之長似有人形.

태가 자라서 마치 사람의 형상이 있는 것 같다는 것이다.

微有氣似呼吸而未成呼吸, 正神氣將判 · 未判之時. 及已成呼吸而隨母呼吸, 則神炁已判而未圓滿之時.

미미하게 기가 있어 마치 호흡하는 것 같지만 호흡이 이루어지지 않으니, 바로 신과 기가 막 나뉘려는 때이다. 이미 호흡이 이루어져 어머니의 호흡을 따르게 되면 신과 기가 나누어졌지만 아직 원만하지 않은 때이다.

胎之十月未滿.

태가 아직 십 개월이 되지 않았다.

但已判爲二, 即是後天.

그러나 이미 나뉘어 둘이 되면 곧 이것이 후천이다.

此之二, 非離一而爲二, 是一之顯然似有二之理. 二尚精微而未成粗迹. 從此以漸長胎之時.

여기에서 둘로 나뉜 것은 하나가 분리되어 둘이 된 것이 아니라, 하나가 분명하여 마치 두 가지 이치가 있는 것 같은 것이다. 그러나 이 두 가지는 여전히 정미하여 형태가 이루어지지 않은 것이다. 이때부터 점차로 태가 자라난다.

斯時也, 始欲立心, 立腎,

이때에 비로소 심장과 신장이 자리를 잡으려 하고,

胎中漸生五臟, 漸分立心腎之形.

태 속에서 점차로 오장이 생성되고 점차로 심장과 신장의 모양이 생긴다.

而欲立性立命矣.

성과 명이 수립되려 한다.

有心, 即其有性之元, 有腎, 即其有命之元.

심장이 있게 되면 거기에 성의 근원이 있게 되고, 신장이 있게 되면 거기에 명의 근원이 있게 된다.

神已固藏之於心, 炁已固藏之於臍,

신이 이미 심장에 간직되었기 때문에 기가 이미 배꼽에 간직되고,

神即性, 是心中所有, 因不離于心; 炁即命, 是腎中本有, 固不離于腎.
신은 성인데 심장 가운데 있어서 본디 심장에서 분리되지 않고, 기는 명인데 신장 가운데 본래 있어서 본디 신장에서 분리되지 않는다.

及至手足擧動翻身, 而口亦有啼聲者. 十月足矣. 則神氣在胎中已全. 此二變之關, 言一分爲二也. 出胎時, 先天之炁仍在臍, 後天之氣在口鼻, 而口鼻呼吸亦與臍相連貫. 先天之神仍在心, 發而馳逐爲情欲. 由是炁神雖二, 總同心之動靜爲循環.

손과 발이 움직이고 몸을 뒤척이는 데 이르면 입도 또한 우는 소리를 내게 된다. 십 개월이 다 차면 신과 기가 태 속에서 이미 완전해진다. 이것이 두 번째 변화의 단계로, 하나가 나뉘어 둘이 되는 것이다. 태에서 벗어날 때에 선천기는 여전히 배꼽에 있고 후천기는 입과 코에 있는데, 입과 코가 호흡할 때 또한 배꼽과 서로 연관된다. 선천신은 여전히 심장에 있지만 드러나 내달리면 정욕이 된다. 이로 말미암아 기와 신이 비록 둘이지만 모두 심장의 동정에 따라 순환한다.

此言性有動靜, 命亦有動靜, 即前所謂一分二. 二亦有動靜之說, 如人之睡時, 炁也靜, 性也靜, 及其覚時, 本炁之覚, 炁也動, 性也動, 即後所謂神炁同動者. 儒亦言氣一則動志者, 似此.
이것은 성에 동정이 있으면 명에도 또한 동정이 있다는 것을 말한 것이니, 곧 앞에서 말한 하나가 나뉘어 둘이 된다는 것이다. 둘에도 또한 동정의 설이 있는데, 사람이 잠을 잘 때 기가 정하면 성도 정하다가 그 깨어날 때에는 본래 기가 깨어나는 것이기 때문에 기가 움직이면 성도 또한 움직이니, 뒤에 말한 신과 기가 함께 움직인다는 것이다. 유가(儒家) 역시 기가 한결같아야 뜻을 움직인다고 하니 이 말과 비슷하다.

年至十六歲, 神識全矣. 精炁盛矣, 到此則三變之關在焉. 或有時而炁透陽關,

나이가 16세에 이르면 신식이 온전해지고 정과 기가 왕성해지는데, 이때에 이르면 세 번째 변화의 단계가 여기에 있게 된다. 이때에 때때로 기가 양관(陽關)[29]을 뚫고 나갈 경우에는,

氣根元炁之動于中, 未有不發散馳于外者. 故到陽關亦見常行之處, 謂之熟境.

기근과 원기가 가운데에서 움직이면 밖으로 치달려 발산하지 않음이 없다. 그러므로 양관은 항상 도달할 수 있는 곳이므로 그것을 익숙한 곳(熟境)이라고 이른다.

則情欲之神亦到陽關.

정욕의 신도 또한 양관에 이른다.

神有通天徹底之能, 亦有知內知外之能. 內外總攝于一神, 內有動, 神也知; 外有動, 神也知. 馳于知外, 世人多墮于世事.

신은 위로는 하늘과 아래로는 땅을 통찰할 수 있는 능력이 있고, 또한 안과 밖을 알 수 있는 능력이 있다. 그러므로 내외가 모두 하나의 신에 통괄되어 있으니, 안에서 움직이면 신이 알게 되고 밖에서 움

29) 기가 양관(陽關): 정액이 출입하는 문을 가리킨다.

직이면 신은 또한 안다. 세상 사람들은 밖을 아는 데만으로 내달리기 때문에 대부분 세상일에 빠지게 된다.

神炁相合，則順行爲生人之本．此炁化精時也，謂之三變者如此．修煉三關者，使精返爲炁，

그리하여 신과 기가 서로 합하면 순행하여 사람을 낳는 근본이 된다. 이것이 기가 정으로 변하는 때인데, 이른바 삼차변화라고 하는 것이 이와 같은 것이다. 삼차에 걸친 관문을 수련한다는 것은 정을 기로 되돌리는 것이고,

即百日關中築基之功也.『法華經』中, 佛亦說百日之期.

이것이 바로 백 일의 관문 가운데서 축기하는 공부이다.『법화경』에서 부처님도 또한 백 일의 기간을 말하였다.

炁煉爲神，

기를 단련하여 신이 되는 것이며,

即十月關中轉神入定之功也.

이것이 바로 10개월의 관문 가운데서 신으로 되돌리는 입정의 공부30)이다.

神還爲虛．

신이 다시 허로 돌아가는 것이다.

---

30) 입정의 공부: 입정이란 수련법의 하나로, 수련을 하는 사람이 고요히 앉아 잡념이 일어나지 않도록 하며 마음을 한 곳에 안정시키는 수련법을 말한다.

九年面壁之大定也.
이것이 바로 구 년간 면벽하는 대정[31)]이다.

即是從三變返到二變, 從二變返到一變, 從一變轉到虛无之位, 是爲天仙矣.
이는 바로 삼차 변화로부터 이차 변화로 되돌아가고, 이차 변화로부터 일차 변화로 되돌아가고, 일차 변화로부터 텅 빈 자리로 되돌아가는 것이니, 이것이 천선이 되는 것이다.

由此虛之而又虛, 虛到无極, 便是天仙陞遷到極尊處.
이것으로 말미암아 텅 빈 것이 더욱 텅 비게 되고, 텅 빈 것이 무극으로 이르게 된다. 이것이 바로 천선이 지극히 존귀한 곳으로 올라가는 것이다.

此處合用修煉之功,
이곳에서 마땅히 수련의 공부를 해야 하니,

三變者以前, 是說人所以得生之理, 自然順行者, 自修煉三關以後, 俱說使之長生不死者. 說到此, 是說人眞修實悟之時至, 必當用修煉之功, 不可不知.
일차 변화로부터 삼차 변화까지는 바로 사람이 태어나게 되는 이치를 말하는 것으로서, 자연스럽게 순행하는 것이고, 세 가지 관문을 수련한 이후는 모두 장생불사하게 되는 것을 말한 것이다. 여기에

31) 대정: 신과 기가 모두 안정되고 맥과 호흡이 모두 사라져 靜에 들어간 상태를 말한다.

이르면 바로 사람이 진실로 닦아서 실지로 깨달은 때에 이른다는 것을 말한 것이니, 그렇게 하려면 반드시 수련의 공부를 해야 한다는 것을 몰라서는 안 된다.

正宜淺說之者.
이곳이 바로 쉽게 설명해야 할 부분이다.

此下皆淺說性命之道, 淺說修煉之功.
이 아래는 모두 성명의 도와 수련의 공부를 쉽게 설명하였다.

夫炁與神皆有動静,
대체로 기와 신에는 모두 동정이 있는데,

自此至而已耗精者之修也, 止一大段. 詳言成仙佛之眞宗, 大修行之全旨. 直論中之總要, 合宗語錄之秘機提綱, 于此盡之矣.
여기서부터 '이미 정을 소모한 사람들이 닦는 것이다(已耗精者之修也)'까지 하나의 큰 단락이다. 여기서는 신선과 부처를 이루는 참된 가르침과 대수행의 완전한 취지를 상세히 말하였는데, 『직론』 가운데 총체적인 요점과 『선불합종어록』의 비밀과 강령이 여기에 다 열거되었다.

而静極之際, 正有動機.
정(静)이 극도에 이를 때에 바로 동(動)의 기미가 있다.

動之機, 頓然之觉, 不着世事, 故言機.

동의 기미라는 것은 홀연히 깨달아 세상일에 집착하지 않는 상태이므로 기미라고 말한 것이다.

炁動即有神動,

그러므로 기가 동하면 바로 신도 동하니,

時至神知也, 神不知, 便教當面錯過.

때가 이르면 신이 아는데 신이 알지 못한다면 바로 현재 상태를 놓쳐 버리게 된다.

即此動機, 便可修仙.

이 동한 기미의 측면에 나아가 바로 신선의 공부를 닦을 수 있다.

炁動而化精, 行世法而耗盡以死者之必致. 眞人即于動而還靜之爲修, 以不死. 機者, 雖若動, 而不爲動用, 方可逆修而爲仙.

기가 동하면 정으로 변화하는데, 이때 세속대로 살아서 정을 다 써 버려 죽게 되는 것은 필연적인 결과이다. 그렇지만 진인은 동한 측면에 나아가서 정으로 돌아가는 공부를 수련하여 죽지 않는다. 기미라는 것은 비록 동한 것 같지만 동을 사용하지 않아야 비로소 역행으로 수련하여 신선이 될 수 있다는 것이다.

緣此機爲生人 · 生仙佛之分路,

이 기미에서 어떻게 수행하느냐에 따라 사람이 태어나고 신선과 부처가 되는 길이 나누어지고,

分路者, 分順逆之行也. 機動時, 順此機而行, 即以生人, 逆轉動而還靜, 即成仙佛. 故道經云, "動者靜之基." 佛祖云, "若要眞不動, 動上有不動."

길이 나누어진다는 것은 순행과 역행으로 나누어진다는 것이다. 기미가 동할 때, 이 기미를 따라 행하면 사람이 태어나고, 거슬러서 동을 전환하여 정으로 되돌리면 신선과 부처가 된다. 그러므로『도덕경』에 말하길, "동한 것은 정한 것의 바탕이다"라고 하였고, 불조에서 말하길 "만약 진정으로 움직이지 않으려고 한다면 움직이는 속에 움직이지 않는 것이 있어야 한다"라고 하였다.

入死, 入生之要關.

죽고 사는 중요한 관문이 된다.

動機, 乃人之可生 · 可死者, 蓋人之求長生者緊要的.

동의 기미는 사람이 태어나게 할 수도 죽게 할 수도 있는 것이니, 장생을 구하는 사람들에게 긴요한 것이다.

炁機既以屬動, 將欲出陽關而爲後天之精者.

기의 기미가 이미 움직이려고 하면 양관으로 나오려고 하므로 후천의 정이 된다.

陳泥丸曰, "子時炁到尾閭關."

진니환[32]이 말하길, "자시에 기가 미려의 관문에 도달한다"라고 하였다.

---

32) 진니환: 진남(陳楠, ?~1213)을 가리킨다. 송대 때의 도사로, 도교 내단파 남종의 제4대 조사이다. 자는 南木이고, 호는 翠虛이다. 혜주 박라현 사람이다. 일반인들이

道藏經云, "精者妙物, 眞人長生根."

『도장』33)에 수록된 경에 말하길, "정이라는 것은 묘한 물건이니 진인이 장생하는 근본이다"라고 하였는데,

此『太上胎息氣經』語也. 『黃庭經』亦云, "留胎止精可長生."

이는 『태상태식기경』34)의 말이다. 『황정경』35)에 또한 말하길, "태 속에 정을 머무르게 하여 간직하고 있어야만 장생할 수 있다"라고 하였다.

그를 진니환이라고 불렀다. 『翠虛篇』 등 저술을 남겼다.

33) 도장: 명대 영락 연간에 성조의 명령으로 43대 천사 장우초가 『도장』을 모아서 교정하였다. 이 일이 완성되기 이전에 성종은 죽고 만다. 인종과 선종은 이 일을 다룰 여력이 없었다. 명나라 영종 정통 연간에 통묘 진인 소이정을 불러 교정을 감독하게 하고 수록되지 않은 책들도 보충하였다. 정통 10년에 이 일이 마쳐졌는데, 총 5,305권 480함으로 천자문을 함목으로 삼아 '천' 자로부터 '영' 자까지 매 함을 각기 약간 권으로 삼고 권을 1책으로 삼아 경절본 체계(불교경전체계)로 만들었는데, 이를 『정통도장』이라고 한다.

34) 『太上胎息氣經』: 원 제목은 『太上養生胎息氣經』이다. 편찬인은 알 수 없다. 『도장』 통신부 방법류에 수록되어 있다.

35) 『황정경』: 『黃庭經』은 『太上黃庭內景玉經』과 『太上黃庭外景玉經』(이하 전자를 『內景』, 후자를 『外景』으로 구분한다)으로 구분되는데, 두 책의 선후와 내용에 대한 정리가 필요하다. 일반적으로 전자와 후자를 통칭하여 『黃庭經』으로 부르는데, 이 책이 세상에 출현한 시대는 위진교체기(219~280)라고 한다. 『內景』은 위화존(魏華存) 부인(252~334)이 전수한 것이라고 하고, 『外景』은 최초로 『抱朴子內篇 · 遐覽』에 그 서목이 나타난다. 또한 진나라 서예가이자 도교도였던 황휘지가 필사한 기록도 존재한다.
그런데 문제는 이 두 책의 선후에 관한 것과 내용의 관련성이다. 학자들은 두 책의 선후에 대해서 의견이 분분하지만, 『外景』을 앞선 것으로 평가하는 경향이 우세하다. 그 이유는 내용적으로, 『內景』이 『外景』의 내용을 상세하게 드러내고 보완한 측면이 강하기 때문이다. 『內景』과 『外景』의 내용을 보면, 전개순서와 그 내용이 거의 일치한다. 다만, 『內景』의 내용들은 체계적으로 정리되어 있는 반면에 『外景』의 내용들은 산일되어 있는 것이 차이점이다. 예를 들어 오장(五臟)에 관련된 진술들을 비교해 보면 『內景』은 '심신장'로부터 '비장장'에 이르기까지 체계적으로 구성되어 있는 데 반해, 『外景』에서는 글 전체에 산견된다. 또한 형식적으로, 『內景』은 36장으로 구성되어 있는 데 반해, 『外景』은 그러한 구분이 없다는 점이다. 특히 『內景』은 『黃庭經』을 어떻게 읽어야 할지 매뉴얼(목욕장)까지 제시하고 있는 점에서 상당히 정리된 체제인 데 반해, 『外景』은 그러한 내용이 없다는 점이다. 이러한 두 측면에서 학자들은 『外景』을 저본으로 『內景』을 후대에 정리한 책으로 판단한다.

正言此未成後天精質之先天炁, 名元精者, 是也.

바로 이것이 후천정의 바탕으로 이루어지지 않은 상태의 선천기를 말한 것이니, 원정이라고 이름한 것도 바로 이것이다.

先天炁, 即元精.

선천기가 바로 원정이다.

夫此炁雖動, 不得神宰之, 而順亦不成精,

대체로 이 기가 동하더라도 신이 주재하지 않을 경우에는 순행하더라도 정이 되지 못하고,

如童子輩, 有眞陽之炁(上震下乾), 亦不无動静, 但神无妄覚, 不能宰之, 何曾成精?

예를 들면 어린아이들이 진양의 기가 있고 (위는 진괘 아래는 건괘) 또한 동정이 없지 않지만 어린아이의 정신이 허망하거나 각성한 바가 없어서 주재할 수 없으니, 어찌 정(精)을 이루겠는가?

不得神宰之, 而逆亦不返炁.

정신이 주재하지 않을 경우에는 역행하더라도 기로 돌아가지 않는다.

吕祖眞人云, "龍虎不交, 安得黄芽！黄芽既无, 安得大藥."

여조 진인(여동빈)이 말하길, "용호가 사귀지 않았으니 어찌 황아[36]

36) 황아: 외단에서는 연과 홍은 솥 안에 넣고 화후를 운용한 화학적 변화를 통해 나타나는 황색의 물질을 말한다. 그 물질이 마치 싹이 돋아나는 모양을 닮아서 황아라고 이름을 삼았다. 이것은 납(鉛)의 정화 혹은 진연(眞鉛)으로 말해지며 대약(大藥)의 기본물질이다. 이를 팽련하면 금단(金丹)을 이룬다고 한다. 내단에서는 단두(丹頭)가 싹터 발아(萌芽)하는 형상을 황아라고 규정한다.

를 얻을 수 있겠는가! 이미 황아가 없으니 어찌 대약을 얻을 수 있겠는가!"라고 하였다.

修仙者於此逆修, 不令其出陽關.

선도를 닦는 자는 여기에서 역행으로 닦아 양관을 나가지 않게 해야 한다.

鐘離眞人云, "勒陽關則還元煉藥."

종리 진인(종리권)이 말하길, "양관을 억누르면 원래 상태로 되돌려서 약을 단련하게 된다"라고 하였다.

即因身中之炁機合以神機,

즉 몸속 기의 기미를 따라 신의 기미를 합해,

元炁, 發動之機, 元神妙覚之機.

원기는 발하여 동하는 기틀이고, 원신은 신묘하게 깨닫는 기틀이다.

收藏於内,

거두어 안에 간직하여,

返歸于元炁之根.

원기의 근본으로 되돌아간다.

而行身中之妙運,

몸속에서 오묘한 운행을 행하되,

採取 · 烹煉皆此時至妙之運用.
채취와 팽연은 모두 이때에 지극히 신묘한 운용이 된다.

以呼吸之氣而留戀神炁,
호흡의 기로 신기를 머무르게 해야만,

『黃庭經』云, "呼吸元炁以求仙."
『황정경』에서 말하길, "원기를 호흡하여 신선 되기를 구한다"라고 하였다.

方得神炁不離, 則有小周天之氣候. 夫小周天云者,
비로소 신과 기가 떨어지지 않아 소주천의 기후(氣候)가 있게 된다. 대개 소주천이라고 말하는 것은,

天之周圍三百六十五度有零. 只是一箇天, 无二天, 何有小大之異名? 以用者小其機, 故名曰小.
하늘의 둘레는 365여 도이다. 단지 하나의 하늘이 있을 뿐이오, 두 개의 하늘은 없는데 무엇 때문에 소 · 대라는 다른 이름이 있는가? 쓰는 자들이 그 기틀을 축소하여 사용하였기 때문에 소주천이라고 이름한 것이다.

言取象于子 · 丑 · 寅十二時, 如周一日之天也.
자 · 축 · 인 등으로 표기한 열두 시간에서 상을 취한 것을 말한 것이니, 예를 들면 하루 동안 천체가 일주하는 것과 같다.

一日, 天之行, 周十二時之名. 神炁配合時, 氣之行住亦若周十二時之候也 .
일일이란 것은 천체의 운행이 열두 시간을 한 바퀴 돈 것의 이름이다. 신과 기가 배합할 때에 기의 운행과 멈춤도 또한 열두 시간을 한 바퀴 돌 때와 같이한다.

然炁有行住, 必有起止.
그러나 기는 운행과 머무름이 있으므로, 반드시 일어나는 곳과 멈추는 곳이 있다.

氣之爲物, 不能偏于行, 不免于住; 不能偏于住, 不免于行. 故道一禪師亦云, "未有行而不住. 未有住而不行. 行住而曰不離這箇 是以這箇行住 卽不離這箇行住 猶有起止", 白玉蟾云, "起于虛危穴", 以虛危宿在坎宮子位也. 起于是, 亦止于是, 亦爲一周天也. 如是, 則行所當行. 住所當住, 起所當起, 止所當止也.
기라는 것은 운행만 할 수 없기 때문에 결국 머물러야 하고, 또한 머무를 수만 없기 때문에 결국 운행해야 한다. 그러므로 도일선사[37]도 말하길, "운행하기만 하고 머물지 않는 것은 없고 머물기만 하고 운행하지 않는 것은 없다. 운행하고 머물면서도 서로 나누어지지 않는다. 그러므로 그 운행하거나 머무는 것은 곧 운행하거나 머무는 그 자체에서 분리되지 않는 것이다. 그러나 여전히 일어나는 곳과 그치

37) 도일선사: 도일(709~788)은 속세의 성이 마(馬)씨여서 마조도일(馬祖道一) 혹은 마조(馬祖)라고도 부른다. 당나라의 선승(禪僧)으로 혜능(慧能) 문하의 남악회양(南岳懷讓)의 법을 이었다. 그가 이룬 홍주종(洪州宗)파는 후에 임제종(臨濟宗)으로 발전하게 된다. '평생심이 도이다(平生心是道)'를 주창하였으며 교리 설명을 담은 『어록(語錄)』이 전해진다.

는 곳은 있다"라고 하였다. 백옥섬[38]이 말하길, "허위혈에서 일어난다"라고 하였는데, 이 허위 별자리가 감궁의 자(子) 방위에 있기 때문이다.[39] 여기에서 일어나고 또한 여기에서 멈추니 일주천이 된다. 이와 같이 하면 마땅히 행해야 할 바에 행하고 머물러야 할 때 머무르고 일어나야 할 때 일어나고 멈춰야 할 때 멈춘다.

氣行有數, 忌其太多,

기의 운행은 알맞은 때가 있으므로 너무 오래 하는 것을 경계하고,

數者, 同于周天者. 周于天, 則動者已復靜矣. 再多, 則着于拘滯, 徒爲廢時失事, 于理无益.

횟수라는 것은 하늘이 하루에 열두 때로 한 바퀴 도는 것과 같다. 천체가 한 바퀴 돌면 동한 것이 다시 고요해진다. 그런데 그보다 많아지면 얽매이고 막혀서 헛되이 시기를 놓치고 일을 놓치게 되니 이치로 볼 때 무익하다.

氣行有時, 忌其太久.

기의 운행에는 일정한 때가 있으므로 그 운행을 너무 오래 하는 것을 경계한다.

---

38) 백옥섬: 백옥섬(1194~1229)은 남송시대의 도사로, 도교 내단파 남종의 5대 조사이다. 원래 성명은 갈장경(葛長庚)이고, 후에 이름을 갈장경(葛長庚)으로 바꾸었다. 자는 여해(如海)·백수(白叟)이고, 호는 해경자(海瓊子)이다. 진남(陳泥還)에게서 금단비결을 전수받았다. 『해경문도집(海瓊問道集)』, 『해경백진인어록(海瓊白眞人語錄)』 등의 저서가 있다.

39) 허위혈에서… 때문이다: 인체에서는 회음혈을 말한다. 임맥과 독맥의 중간에 위치하면서 위로는 천곡(天谷)에 통하고 아래로는 용천(涌泉)에 도달한다. 천상에서 허위숙은 북방인 자방위에 속한다.

時, 即數之義. 周天十二時候, 非有時,亦不拘着于時. 但取象于時以爲節制程限耳. 又, 陳朝元曰, “凡煉丹, 隨子時陽氣生而起火, 則火力方全, 余時起火不得. 或太久, 或不及, 皆火力不全.”
때는 바로 앞의 ‘수’의 뜻과 같다. 주천 열두 때는 정해진 시간이 있지 않고 또한 시간에 구애받지도 않는다. 다만 시간에서 상(象)을 취하여 절제의 한도로 삼은 것이다. 또한 진조원[40]이 말하길 “대체로 단을 단련할 때 자시(子時)에 양기가 생성되는 때를 따라 화후를 일으키면 화후의 힘이 온전하나 그 나머지 시간에는 화후를 일으킬 수 없다. 그리고 화후를 일으키더라도 너무 오래 하거나 짧게 할 경우는 모두 화후의 힘이 온전하지 않다”라고 하였다.

不使之似於單播弄後天氣者, 恐以滞其先天炁之生機故也, 生機滞, 則後天呼吸无所施.
후천기만 수련하지 않게 하는 것은 선천기의 생성 기틀이 막힐까 염려되기 때문인데, 그 선천의 생성 기틀이 막힐 경우에는 후천호흡을 시행할 수 없다.

後天炁用之不已, 而先天炁不生. 古云; “鼎内若无眞種子, 猶將水火煮空鐺”是也.
후천기를 끊임없이 쓴다면 선천기가 생기지 않는다는 말이다. 옛말에 “솥 안에 진종자가 없다면, 수화를 가지고 빈 솥에 달인다는 것과 같다”라고 하였는데, 이를 두고 한 말이다.

40) 진조원: 미상이다.

此修仙之至緊至秘之功，故以周天三百六十限之.

이것은 선도를 닦는 지극히 긴요하고 비밀스러운 공부이기 때문에 주천을 360도수로 한정한 것이다.

雖曰周天，實非天也，心中妙用，略有似于天之周數，爲妙用之程限者.

비록 주천이라고 말하지만 실은 하늘의 도수가 아니고, 마음 가운데 오묘한 쓰임이 대략 하늘의 도수와 비슷하기 때문에 이를 마음의 오묘한 쓰임에 한정으로 삼은 것이다.

子行三十六，積得陽爻一百八十數，午行二十四，合得陰爻一百二十數，

자(子)에서부터 36번씩 행하여 사(巳)에 이르기까지 쌓이면 양효 180수를 얻고, 오(午)에서부터 24번씩을 행하여 해(亥)에 이르기까지 합하면 음효 120수를 얻는데,

五位陽爻，用九也. 故共一百八十者，除卯時不同爻用. 五位陰爻，用六也. 故共一百二十者，除酉時不同爻用.

자(子)에서 사(巳)까지 다섯 자리는 양효(陽爻)이므로 九를 쓴다. 그러므로 합쳐서 180효라는 것은, 효의 쓰임이 같지 않아 묘(卯)를 제외했기 때문이다. 오(午)에서 해(亥)까지 다섯 자리는 음효(陰爻)이므로 六을 쓴다. 그러므로 합쳐서 120효라는 것은 효의 쓰임이 같지 않은 유(酉)를 제외했기 때문이다.

以卯酉行沐浴以養之.

묘의 자리와 유의 자리에서는 목욕함으로써 그것을 기른다.

古聖不輕傳火, 故云, "沐浴不行火", 今此說云行沐浴, 非異也. 不行者不行其所有事, 行者行其所无事, 學者當知其有妙用. 若還持疑不決, 請看鐘離眞人所云 "一年沐浴防危险"者, 已言矣.

옛 성인은 함부로 화후를 전하지 않았다.[41] 그러므로 "목욕할 때는 화후를 행하지 않는다"라고 하였으니, 여기에서 '목욕을 행한다'고 한 것은 이상한 것이 아니다. '행하지 않는다'는 것은 일부러 행하지 않는다는 것이고, '행한다'는 것은 의도가 없이 행한다는 것이니 배우는 이는 마땅히 그 묘용이 있음을 알아야 한다. 만약에 도리어 의심이 나서 결정 내리기 힘들면, 종리 진인이 "일 년간 목욕하면 위험을 막아 준다"[42]고 이미 말한 것을 보아라.

運此周天, 積累動炁, 以完先天純陽眞炁.

이 주천을 운행하여 발동하는 기가 쌓임으로써 선천의 순양진기가 온전해진다.

一次火候運一次周天之數, 已完足一周, 則眞精眞炁歸復于命根, 而愈旺其發動生長之機. 此只是眞炁在根本處, 自純陽不失, 非從外得有所增補積累.

일차 화후 때 일차 주천의 수대로 운행하여 일차 주천의 수가 완전

41) 옛 성인은… 않았다: 화후는 세 가지 의미가 있다. 첫째는 불의 심지를 크게 하거나 작게 하는 것이다. 둘째는 단약을 제련하는 것이고, 셋째는 학문과 수양을 쌓는 것이 그것이다. 화후의 세 가지 뜻은 넓은 의미로 수련 그 자체를 말하는 것이라고 할 수 있다. 그러나 좁은 의미로 말한다면 화후의 참뜻은 단약을 제련하는 것이라고 해도 과언이 아니다.

42) 일 년간 목욕하면 위험을 막아 준다: 10개월 수련 중에 태가 원만해지면 태신(胎神)이 충맥을 따라 중단전에서 상단전에까지 승강 운동을 하게 된다. 이때부터는 1년간 온양 · 목욕하면서 출태의 때를 기다린다는 의미이다.

히 채워지면, 진정(眞精)과 진기(眞炁)가 명근(命根)으로 돌아와 그 발동하는 생장의 기가 더욱 왕성해진다. 이것은 단지 진기가 근본의 자리에서 스스로 순양을 잃지 않는 것이지 밖으로부터 얻어서 보충하고 쌓인 것이 아니다.

故凡一動而一煉而周, 使機之動而復動者. 則煉而復煉, 周而復周.

그러므로 기가 한 번 움직이면 일주천을 단련하여 움직인 기틀로 하여금 다시 움직이게 한다. 그러면 단련한 뒤에 다시 단련하게 되고 일주천을 한 후에 다시 일주천을 하게 된다.

此言凡遇有一動之炁, 卽要煉之以完一周天. 若有一天不煉, 則眞炁不長旺而速于神化. 又不可一周完而不歇, 雖无大害, 亦遲其動機, 爲无益也.

이것은 때마침 한 번 움직인 기를 만나면 그것을 단련하여 일주천을 끝마쳐야 한다는 말이다. 만약 일주천을 단련하지 않는다면 진기가 장기간 왕성하지 않은 채 곧바로 신화(神化)가 된다. 그렇지만 일주천을 하고 나서 쉬지 않아서는 안 되는데, 만약에 쉬지 않을 경우에는 비록 큰 해는 없지만 그 동기(動機)를 더디게 해서 무익하다.

積之不過百日, 則精不漏而返炁矣.

이렇게 쌓아 간다면 백 일이 채 되지 않아 정이 새지 않고 기로 되돌아간다.

古云, 百日築基, 煉精化炁, 是大概之言也, 或以七 · 八十日得炁足,

或五 · 六十日得炁足, 功勤不差者易得, 年少者亦易得.
옛말에 '100일간 기반을 다지면 정이 단련되어 기로 변화한다'라고 하였는데 이것은 개괄적인 말이고 혹은 70～80일에 기를 충분히 얻기도 하고 혹은 50～60일에 기를 충분히 얻기도 한다. 수련의 과정을 어기지 않고 부지런히 한 자는 쉽게 얻고 나이가 젊은 자도 쉽게 얻는다.

此三關返二之理. 已返到撲地聲離胎, 七竅未開, 神識未動, 眞炁在臍之境也.
이것이 세 번째 관문에서 두 번째 관문으로 되돌아가는 이치이다. 이미 되돌아가면 아이가 태어나자마자 태에서 떨어졌을 때에 일곱 구멍이 아직 열리지 않고 신식이 아직 움직이지 않아 진기가 배꼽에 있는 상태로 되돌아간다.

此四句言人初出母胎是如此. 及今逆修時用完百日小周天之功, 方得眞炁足, 似如此.
위의 네 구절은 사람이 처음에 어미의 태에서 나오는 상태가 이와 같음을 말한 것이다. 지금 역행 수련하는 때에 이르러 백 일간 소주천의 공부를 완전히 끝내야만 비로소 진기를 충분히 얻어서 이와 같아질 수 있다.

所以廬江李虛庵眞人曰, "陽關一閉, 箇箇長生." 言得長生之基也.
그러므로 려강 이허암 진인[43]이 말하기를 "양관을 한 번 닫을 수

43) 이허암 진인: 미상이다. 다만 『천선정리증주』의 「오진인사실급수수원류략(伍眞人

있다면 누구나 장생할 수 있다"라고 하였으니, 장생의 기반을 얻음을 말한 것이다.

眞陽曰, 陽精 · 元炁, 總爲一身發生之根, 皆有耗折之理. 独淫欲枉折之多, 而致死之速, 由敗于陽關. 陽關者, 陽精出入之關也. 出之則耗而死, 入之則精自滿而得長其生. 始也, 我主宰閉之不令出. 及滿足, 則關自閉矣. 凡有精, 則求出路, 无精以通, 路固自閉. 如儒家所謂"用之而成路, 不用則茅塞之矣"之說似. 故吾師祖李眞人云, "修到一閉, 即得長生; 人人得閉, 人人長生, 无有異者". 吾兄冲虛云, "從此得長其生爲始, 便永得長生與天地齊其壽量之基也." 李師祖及我弟兄三人皆淺直切言之, 凡長生必由于一閉, 得一閉如此便得眞長生, 不能閉便不得其長生. 求長生者當于此勉之 · 求之. 昔石杏林眞人求師後云, "得師訣來, 便知此身可不死, 知此丹必可成."

진양이 말하기를 "양정과 원기는 몸이 생겨나는 뿌리가 되는데, 이것들은 모두 소모되고 꺾이는 이치가 있다. 특히 음욕으로 인하여 쓸데없이 많이 꺾여서 죽음을 빨리 초래하는 것은 양관을 닫는 데 실패했기 때문이다"라고 하였다. 양관이라는 것은 양정(陽精)이 출입하는 관문이다. 양정이 나오면 소모되어 죽고 양정이 들어가면 정이 저절로 충만해져 그 삶을 오래 누릴 수 있다. 처음에는 내가 의식적으로 양관을 닫아서 정이 나오지 않게 하지만, 정이 원만히 충족되면 양관이 저절로 닫힌다. 정이 있으면 출로를 찾게 되지만, 정이 통할 수 없으면 길은 본디 저절로 닫힌다. 예를 들면 유가에서 이른

事實及授受源流略)」에서는 호피장인(장정허)→이허암→조환양→오수양으로 이어지는 도맥을 기록하고 있는데, 이를 통해서 보면, 용문파의 조사이자, 오수양의 스승으로 이해할 수 있다.

바 "사용하면 길이 생기고 사용하지 않으면 막힌다"라는 말과 흡사하다. 그러므로 나의 스승 이 진인(이허암)은 "수련하여 양관을 한 번 닫음에 이르면 장생할 수 있고 양관을 닫을 수 있는 사람은 누구나 장생할 수 있으니 사람의 차이가 있지 않다"라고 하였다. 그리고 나의 형 충허는 "이것(양관을 닫음)을 장생할 수 있는 시작점으로 삼는다면 오래도록 삶을 누려 천지와 더불어 그 수명을 같게 하는 기반을 얻을 수 있다"라고 하였다. 이 조사와 우리 형제(오충허, 오수허) 세 사람이 모두 알기 쉽게 풀어서 말하였다. 대체로 장생은 반드시 양관을 한 번 닫는 것에서 시작하니, 한 번 닫을 수 있다면 참된 장생을 얻을 수 있고, 닫지 못한다면 장생할 수 없다. 그러므로 장생하기를 바라는 자는 마땅히 여기에서 힘써 구해야 한다. 옛날에 석행림 진인[44]이 스승을 구한 뒤에 말하기를 "스승의 비결을 얻은 뒤로 이 몸이 죽지 않는다는 것을 알 수 있고, 이 단약이 반드시 이루어진다는 것을 알 수 있다"라고 하였다.

精既返而成炁, 則無復有精矣.

정이 이미 되돌아가 기를 이루면 다시 정이 있지 않게 된다.

無精是氣因靜定之久, 不復動而化精. 淫根縮如小童子, 所謂返老還爲童體者是如此. 故佛家『華嚴經』亦云 "成就如來馬陰藏相"是也.

'정이 없다(無精)'는 것은 기가 오래도록 고요히 안정됨으로 인하여

---

44) 석행림 진인: 석태(石泰, 1022~1158)를 말한다. 북송 말기 남송 초기의 인물로, 자는 득지(得之), 호는 행림(杏林) 혹은 취현자(翠玄子)라고 하였다. 장백단에게서 금단대도를 전수받았고, 설도광에게 전수하였다. 전진교에서는 그를 남오조 중에 하나로 높인다. 『환원편(還元篇)』의 저술이 있다.

다시금 움직여 정으로 변화하지 않아서 음근이 줄어들어 어린아이의 것과 같이 된다는 말이다. 이른바 '노인이 다시 어린아이이로 되돌아간다'라고 한 말이 이와 같다. 그러므로 불가의 『화엄경』에서도 또한 말하기를 "부처가 되면 음근을 드러내지 않고 감춘다[45]"라고 하였으니 이를 두고 한 말이다.

如有精, 則未及證於盡返炁也,

만일 정이 조금이라도 남아 있다면 아직 모두 다 기로 되돌린 증험에는 이르지 못한 것이고,

眞陽曰, 有精即是有漏之軀, 全无一点精方是无漏之軀. 世有一等人, 雖未行淫事而不泄精, 只名節慾, 不名无漏. 今之出家僻處, 持五戒以禁淫者是也. 猶有可漏精者在, 如玉通禪師, 住虎丘四十年, 持戒禁淫, 竟敗精于红蓮妓者之于拜. 此也無實果之案也, 觀其死即隨之, 又不能了生死之案也. 吉王問曰, "眞无漏者, 如何驗知?" 冲虛云, 眞无漏, 則陰縮如小童子, 絶无擧動, 絶无生精之理, 焉有漏? 始得成有修有證之漏盡通也. 若人老而陰縮者, 是陽炁殘而痿矣, 无精者是精已枯竭矣. 從生身來禀賦得陽炁微弱所致, 不可誤認爲修證. 若人到衰老時求修證, 必要補精到能泄精地位, 而後始有可長生之機. 切不可誤至於老來鉛汞少者也.

진양이 말하기를 "정이 있으면 몸에서 누설됨이 있는 것이니, 한 방

---

45) 부처가 ~ 음근을 드러내지 않고 감춘다(馬陰藏相): 음장상(陰藏相) · 마왕음장상(馬王隱藏相) · 세봉장밀상(勢峰藏密相) 등으로 표현되기도 한다. 범어로 kośopagata – vasti – guhya이다. 음은 남근의 뜻으로, 부처가 남근을 배 속에 감추고 밖으로 드러내지 않는다는 의미이다. 이에 관한 내용은 『관불삼매해경(觀佛三昧海經)』卷8, 『대비파사론(大毘婆沙論)』卷177에 나온다.

울의 정마저도 완전히 없애야 비로소 몸에서 누설됨이 없다"라고 하였다. 세간의 어떤 사람이 비록 성교를 하지 않아 정이 누설되지 않는다 할지라도 다만 '욕망을 절제했다'라고만 말하지 '누설됨이 없다'라고는 말하지 않는다. 오늘날 산간벽처로 출가하여 다섯 가지 계율을 지키며 음사를 금하는 자들이 이런 자들이다. 이런 자들 가운데 오히려 정을 누설한 자들이 있는데, 예를 들면 옥통선사[46]가 호구산에서 40년간 머무르면서 계율을 지키고 음욕을 금하다가, 마침내 기생 홍연이 절을 하자 정을 지키는 데 실패하고 말았다. 이것이 욕망을 절제하는 방법만으로는 실질적인 결과가 없다는 증거이자, 그가 그 뒤에 곧바로 죽은 것을 보건대 이것이 생사를 깨달을 수 없다는 증거이다. 길왕이 묻기를, "전혀 누설이 없는 자인지 어떻게 증명하여 알 수 있습니까?"라고 하자, 충허가 다음과 같이 답하였다. "전혀 누설이 없는 자는 음근이 어린아이의 것처럼 줄어들어 전혀 음욕으로 인해 발기하지 않고 전혀 정을 생산해 내는 이치도 없으니 어찌 누설할 수 있겠습니까? 이와 같아야, 비로소 닦음도 있고 증험도 있는 누진통을 이룰 수 있습니다. 예를 들어 사람이 늙어 음근이 줄어든 경우는 양기가 쇠잔하여 시든 것이고, 정이 없는 경우는 정이 이미 고갈된 것입니다. 이것은 태어날 때 품부된 양기가 미약한 소치이므로 수련의 증험으로 오인해서는 안 됩니다. 만약 늙은 사람이 수련을 해서 증험하고자 한다면, 반드시 정을 보충해서 정을 누설할 수 있는 상태에 이른 이후에야 비로소 장생의 기반이 생깁니다. 늙어갈수록 연홍이 작아진다고 오인해서는 절대로 안 됩니다."

46) 옥통선사: 미상이다.

則亦無復有此一竅矣, 如有竅, 則未及證於眞无漏也.

만일 정이 없다면 다시금 누설할 구멍이 없겠지만, 만일 구멍이 있을 경우에는 아직 전혀 누설함이 없는 증험에는 이르지 못한 것이다.

此一竅是精所出之處也. 精盡化炁, 不須用出路, 故无竅. 若有一竅在, 猶可漏精, 則炁未得足者可知矣. 昔長沙王星垣殿下問曰, "何以知精滿盡化成炁而不漏?" 冲虛云, "眞實修煉之人, 精已煉成炁者, 便有止火之候自到. 此是无精之靈應也, 則无竅矣. 此无竅, 无漏方眞."

이 하나의 구멍은 정이 나오는 곳이다. 정이 모두 기로 변화하면 출로가 필요 없기 때문에 구멍이 없게 된다. 만약 하나의 구멍이 있어서 여전히 정을 누설한다면 기가 충분하지 못한 것임을 알 수 있다. 옛날에 장사왕 성원 전하[47]가 묻기를, "어떻게 정이 가득 차 기로다 변화되어 누설되지 않음을 알 수 있습니까?" 하자, 충허가 답하기를, "진실하게 수련한 사람은 정이 이미 단련되어 기를 이룬 자이니 불을 끄는 징후가 저절로 나타나게 됩니다. 이것이 정이 없는 영험한 반응이니 그렇게 되면 구멍이 없게 됩니다. 이렇게 해야만 정말로 구멍도 없고 누설됨도 없는 것입니다"라고 하였다.

眞炁亦不得死守於臍矣, 若只守於臍而不超脫過關,

진기도 배꼽에서 사수할 수 없지만, 만약 배꼽에서 지킬 뿐인데도 관문을 넘어 벗어나지 않는다면,

47) 장사왕 성원 전하: 미상이다.

此時, 始有眞炁過三關, 得眞炁者, 名得'金丹大藥', 過三關者, 名曰'服食', 逆上三關, 名曰, '飛昇.'
이때에 비로소 진기가 세 관문을 지나게 되니, 그때 진기를 얻은 것을 '금단대약'이라 하고, 세 관문을 지나가는 것을 '복식'이라고 하며, 위로 세 관문을 거슬러 올라가는 것을 '비승'이라고 한다.

不過暫有少得長其生之初基而爲人仙也, 未能永劫長生.
이 단계는 잠시 장생의 초보적인 기초를 조금 얻어서 인선[48]이 된 것에 지나지 않으므로 영겁도록 장생할 수 없다.

吉王太和殿下曾問曰; "得長生, 皆曰一得永得, 何故今言暫得 · 永得之不同?" 冲虛子曰, 一得而能決烈向上, 則有上之所證而永劫長生, 形神俱妙, 頓超劫運矣. 若言我已得到此果, 更又何爲? 止于此, 不過少得初基而已, 又必煩于守護, 方是人仙不死. 若更行淫欲, 漏却一点陽精, 猶是有漏凡夫, 生死不能逃者, 可不勉而究之哉?
길왕 태화 전하가 일찍이 물기를, "장생을 얻는 것은 모두 한 번 얻으면 영원히 얻는다고 하는데, 무슨 까닭으로 지금 잠시 얻었느니, 영원히 얻는다느니 달리 말합니까?" 하니, 충허자가 말하기를, "한 번 장생의 기초를 얻어 결연히 더 높은 단계로 향할 수 있으면, 위 단계에서 증험하는 바가 있어 영겁장생하게 되어, 형과 신이 모두

48) 인선: 『종려전도집』에 의하면 신선에는 귀선, 인선, 지선, 신선, 천선으로 다섯 등급이 있다고 한다. 이 중에서 인선은 "다섯 신선의 등급 중에 밑에서 두 번째로, 진(眞)을 닦는 선비가 대도를 깨닫지 못하고서, 도 가운데에서 한 법을 얻고, 법 중에서 한 가지 술수를 얻어서 그것을 참되게 믿는 마음으로 뜻을 간절히 하여 세상이 다하도록 옮기지 않는 자이다. 오행의 기가 잘못 사귀고 모이더라도, 형질이 굳건하여 여덟 가지 사악한 역귀(疫鬼)가 해칠 수 없으며, 대부분 편안하여 병이 적으니 이를 곧 인선이라고 한다"고 구분하고 있다.

오묘하여 영겁을 단박에 뛰어넘을 수 있습니다. 만약 내가 이미 이러한 경지에 이르렀다고 한다면 다시 무엇을 할 것이 있겠습니까? 그런데 여기에서 그친다면 장생의 기초를 조금 얻은 것에 불과하므로, 또다시 수호(守護)하는 데 힘을 들여야만 바야흐로 인선이 되어 죽지 않을 수 있습니다. 만약 이 단계에서 다시 음탕한 욕정을 행하여 한 방울이라도 양정을 누설하면 여전히 생사를 벗어날 수 없는 유루의 범부가 되고 말 것이니, 힘써 공부하지 않을 수 있겠습니까?"

故有遷移之法, 古人所謂移爐換鼎之喻者是也. 施祖,

그러므로 단계를 옮겨 가는 법이 있는데, 옛사람들이 이른바 '화로를 옮기고 솥을 바꾼다(移爐換鼎)'라고 한 비유가 이것입니다. 시조와,

施肩吾眞人, 亦呂祖之師.

시견오 진인[49]인데, 여조의 스승이기도 하다.[50]

鐘離,

종리와,

正陽眞人, 呂純陽眞人之度師.

49) 시견오 진인: 북송 초기의 도사로 세상 사람들이 화양진인(華陽眞人)이라고 불렀다. 여동빈을 스승으로 섬겼다. 『태백경(太白經)』, 『황제음부경해(黃帝陰符經解)』, 『서산군선회진기(西山群仙會眞記)』, 『서산집(西山集)』, 『(종려전도집)鐘呂傳道集』 등 저술이 있다.

50) 여조의 스승이기도 하다: 이 문장은 사승관계가 잘못 기록되었다. 종리권→여동빈→시견오로 이어지는 사승관계이다.

정양진인인데, 여 순양진인의 도사(度師 – 스승에 대한 도교적 표현)이다.

呂祖,
여조의,

純陽眞人.
순양진인이다.

三仙『傳道集』所謂三遷者, 此當用其一遷矣.
세 신선의 『전도집』에 이른바 세 단계를 옮긴다고 하였는데, 이것은 그중에 첫 단계를 옮긴 것에 해당한다.

吉王太和殿下問三遷之說, 冲虛子云, 按鐘離答純陽論還丹云, 還者, 往而有所歸. 丹者, 丹田也. 丹田有三, 炁在中丹, 神在上丹, 精在下丹. 自下田遷至中田, 中田遷至上田, 上田遷出天門, 是爲三遷功成. 旣自下而上, 不復更有還矣. 吾見鐘離此語矣, 聞吾師之說同.
길왕 태화 전하가 세 단계를 옮기는 설을 물었는데, 충허자가 답하기를, "종리권이 순양에게 답하면서 논한 환단에 대한 언급을 살펴보면, 되돌림(還)이란 갔다가 되돌아온 것이고, 단이란 단전입니다. 단전에는 세 종류가 있는데, 기가 중단전에 있고, 신이 상단전에 있고, 정이 하단전에 있습니다. 하단전으로부터 옮겨 중단전에 이르고, 중단으로부터 옮겨 상단전에 이르고, 상단전으로부터 옮겨 천문을 벗어나는 데 이르는데, 이것이 세 단계가 옮기는 공부가 이루어진 것입니다. 아래로부터 위로 올라가는 것이 끝나면 다시 옮기지 않습니다. 내가 종리권의 이 말을 보았는데, 내가 선생님에게서 들은 설과 같았습니다"라고 하였다.

卽以七日, 口授天機, 採其大藥.

이것은 바로 7일 동안에 입으로 천기를 전수하여 대약을 캐내게 하는 것이다.

七日者, 是採大藥七日之功也. 吉王太和殿下問曰, "初關百日, 採·取·烹·煉, 于今日卽以七日採, 又曰採大藥, 從古至今, 不見于書, 全未聞此語. 請問何以藥稱大? 採之日數久暫何以異?"

冲虛云, 此萬古不洩之仙機也. 百日之初, 雖曰採眞陽之精, 精絶无形, 又名眞陽之炁, 炁本无相. 古聖祇云虛无之炁. 其所發生, 生則无形之形附于有形, 遍內外皆此炁之流行. 所曰採, 採則无採之採. 借火爲採, 不見有藥形迹, 唯知有火而已.

昔還陽老師引古語爲我云, "夾脊尾閭空寄信", 誠然是也. 此言前之採也. 精炁生動, 是杳冥還返于靜也. 是杳冥火氣, 熏蒸百日之久. 故眞炁因之. 忽然似有可見. 故止後天炁之火, 唯單採先天炁之藥, 故另用七日之工. 採于七日之內, 火異于周天. 故曰七日口訣. 何故用火之異, 採之異, 因此時眞炁盡歸于命根矣. 雖有功, 猶不離于動處; 只在內, 而不馳于外, 用則无火之火, 无候之候也, 此爲異也. 其所用以化神還虛之大事始此, 所證以長生超劫神通无极之大果始此, 故名大藥. 卽前所採虛无之炁, 所得所證之實相也.

'7일'이란 대약을 캐내는 7일간의 공부과정이다. 길왕 태화 전하가 묻기를, "초관 백 일 동안 캐내고 취하고 삶고 단련한다고 하고서,

지금에서는 7일 동안 캐낸다고 하고, 또 대약을 캐낸다고 하였는데, 예로부터 지금까지 이런 내용이 서적에 나타나지 않았고, 전혀 이 말을 듣지 못했습니다. 감히 묻습니다. 무엇 때문에 약에다가 큰 대 자를 붙였습니까? 또 무엇 때문에 캐내는 날 수가 많기도 하고 적기도 하는 차이가 있습니까?"라고 하였다.

충허가 말하기를, "이것은 만고에 누설되지 않은 신선의 비기입니다. 백 일 동안의 처음에 진양의 정을 캐낸다고 하지만, 정은 전연 형체가 없는 것이고, 이를 또 진양의 기라고 하기도 하는데, 기는 본래 모양이 없습니다. 옛 성인들은 다만 이를 허무의 기라고 하였습니다. 그것이 발생하는 과정을 말한다면, 생겨나면 형상 없는 형상이 형상이 있는 것에 붙어 내외를 통틀어 모두 이 기가 유행합니다. 캐낸다고 하였는데, 캐낸다는 것은 캐냄이 없는 캐냄입니다. 불을 빌려 캐내는데, 어떤 약의 형태와 흔적은 볼 수 없고 불만이 있음을 알 뿐입니다.

옛날에 조환양 선생이 나를 위해 옛말을 인용하여 말하기를, '협척과 미려혈에다가 부질없이 믿음을 붙였네'라고 하였는데, 정말로 옳은 말입니다. 이 말이 앞의 캐냄에 해당합니다. 정과 기가 생겨서 동하면 이 그윽한 것은 고요함으로 되돌아갑니다. 이 그윽한 것의 화기가 백 일 동안 찌게 됩니다. 그러므로 진기가 그것에 따르게 되는데, 홀연히 보이는 어떤 것이 있는 듯합니다. 그러므로 후천기의 불 때기를 그치고, 선천기의 약만 캐내기 때문에 별도로 7일간의 공정이 쓰이게 되는 것입니다. 7일 안에 캐내기는 불 때기가 주천과는 다릅니다. 그러므로 이를 '7일 구결'이라고 합니다. 무슨 이유로 불 때기가 다르며, 캐냄이 다른가 하면, 이때는 진기가 모두 명근[51]으로 되돌아갔기 때문입니다. 비록 동하였어도 여전히 동하는 곳과 떨어지지 않고, 단지 내부에 있으면서 밖으로 내달리지 않았다가, 사용할 때는 불 없는 불을 쓰며, 후(候)[52] 없는 후를 쓰는데, 이것이 다른 것입니다. 그 쓰임으로써 연기화신과 연신환허의 큰일이 여기서 시작하고, 그 증험으로써 장생초극하여 신령스럽게 무극의 대과를 통하는 것이 여기서 시작하기 때문에 대약이라고 합니다. 이는 바로 앞에서 캐낸 허무의 기로써 얻고 증험할 수 있는 실상입니다"라고 하였다.

取得下田先天眞炁, 名曰金丹,

하단전의 선천진기를 취하여 얻는 것을 금단이라고 하는데,

丘長春道人云, "煉精爲丹, 而後純陽炁足. 煉炁成神, 而後眞靈神化, 超凡入聖, 棄殼昇仙, 而曰超脫. 萬世神仙不易之法也." 此曰金丹, 卽所謂大藥.

구장춘 도인이 "정을 단련하여 단이 된 이후에 순양의 기가 풍족해진다. 기를 단련해 신을 이룬 이후에 참된 영이 신령스럽게 변화하여 범인을 벗어나 성인의 경지에 들어가고, 육신을 버리고 신선의 세계로 오르니 이를 '초탈'이라고 한다. 이는 만세의 신선이라도 바꿀 수 없는 법이다"라고 하였는데, 여기에서 말한 금단이 바로 대약이다.

51) 명근(命根): 명근은 생명의 근본 뿌리이다. 불교에서는 금생의 생명과 수명을 결정짓는 전생의 업이다.

52) 후: 고대의 역법으로 5일을 1候로 삼는데, 6候(5x6＝30)는 한 달이 된다.

用以服食 · 飛昇, 拔宅者, 皆此耳.

그것으로써 복식하거나, 날아오르거나, 온 집안사람들이 모두 신선이 되는 등(拔宅)[53] 모두 이런 것 때문이다.

吉王太和殿下問曰, "我聞砂鉛爐火中所成者曰金丹, 世人共知, 皆貪學而求服食者. 今仙道修煉身中自有炁神亦曰金丹 · 曰服食, 由何故?"
冲虛曰, "坎腎屬水, 精出于腎, 亦屬水也. 水由炁化, 精亦由炁化. 金能生水, 故生精之炁喻金. 炁化精時則有炁在精中, 故曰, 母藏子腹. 如精在水中, 精復于炁, 故曰, 水中金."
當修煉之初, 如從根發出苗, 生而爲藥, 乃虛无之炁耳. 實无形相而虛无, 恍然採取, 不見有所採取者, 故不曰服食. 採取之久, 火候之足, 精還補炁之盛, 謂之外丹成. 其炁之發生, 始有法成之妙相, 而純陽之炁根始動, 以其是金炁也. 故曰, 金丹即是外丹. 初時, 陽炁發生, 出于身外爲精. 旣返精于炁, 不生于外而唯實生于內. 得此炁生, 轉而逆上三關, 度鵲橋而下重樓, 經喉吻中如食, 故曰服食. 然服食二字, 『本草』言藥之可食, 如心服之服義同. 世人因此曰金丹. 外丹, 遂冒稱砂鉛之丹, 爲即此之外丹, 因此曰眼食, 遂冒稱砂鉛之丹可服食. 所以自求者皆誤認, 爲人謀者皆誑語, 後學宜辨之. 吉王曰, "今而後始知世煉砂鉛求服食者, 爲至愚, 貪求不已者, 猶爲下愚不移者, 可不明辨而改圖哉?"
길왕 태화 전하가 물기를, "내가 듣기로는 주사나 납을 화롯불 속에

---

53) 발택(拔宅): '발택비승(拔宅飛昇)' 혹은 '발택상승(拔宅上升)'이라고도 하는데, 온 집안 식구들이 모두 신선이 된 경우를 비유적으로 한 말이다. 『태평광기(太平廣記)』권 14에서 『십이진군전, 허진군(十二眞君傳, 許眞君)』을 인용하여 "진군이 동진시대의 효무제 태광 2년 8월 1일, 홍주의 서산에서 온 식구 42명이 발택상승하여 떠나갔다"고 하였는데, 이를 후세사람들이 집안 식구 전부가 신선이 된 비유로 사용하였다.

넣어 이룬 것을 금단이라고 하고, 세상 사람들도 모두 그렇게 알고 배워서 복식하고자 합니다. 그런데 지금 신선의 도는 몸속에 저절로 있는 기와 신을 단련한다고 하면서, 이를 금단이니 복식이니 하는데 그 이유가 무엇입니까?"라고 하였다.

충허가 답하기를, "감괘와 신장은 수에 속하며 정은 신장에서 나오므로 또한 수에 속합니다. 수는 기로 말미암아 변화하고 정도 기로 말미암아 변화합니다. 금이 수를 생성할 수 있으므로, 정을 생성하는 기를 금으로 비유하는 것입니다. 그런데 기가 정으로 변화할 때에 어떤 기는 정 속에 있으므로 어미가 자식의 배 속에 들어 있다고 한 것입니다. 이는 비유하자면, 정이 수 가운데 있으나 정이 기로 되돌아간 것이므로 '수중금'이라고 한 것입니다.

수련의 처음은 당연히 뿌리에서 싹이 나는 것처럼 해야 하지만, 생겨나서 약이 되는 것은 허무의 기뿐입니다. 그런데 허무의 기는 실지로 모양과 꼴이 없는 허무로 황홀하게 캐내어 취했더라도 그 캐내어 취한 것을 볼 수 없기 때문에 '복식'이라고 하지 않습니다. 캐내어 취한 것이 오래되고 화후가 충분하면 정이 되돌아가 기를 보충하여 왕성하게 되는데 이를 외단이 이루어졌다고 하는 것입니다. 그 기가 발생할 때, 처음에는 법성의 오묘한 모양이 있어서 순양기의 뿌리가 처음으로 움직이니, 바로 이것이 '금기'입니다. 그러므로 '금단이 곧 외단'이라고 하기도 합니다. 처음의 때에 양기가 발생하여 몸 밖으로 나오는 것이 정이 되는데, 이때 바로 정을 기로 되돌려 밖으로 생겨나지 않게 하고 오직 안에서 참으로 생기게 합니다. 그래서 이 기가 생겨나면 돌려서 위로 세 관문을 거슬러 올라가 작교[54]를 건너 목구멍 아래의 중루[55]로 내려가는 것이 마치 음식을 먹듯이 입술과 목구멍을 지나가기 때문에 복식이라고 합니다. 그러나 복식이라는 두 글자는 『본초강목』[56]에서는 먹을 수 있는 약을 마음으로 복용한다는 의미의 '복'과 같은 뜻으로 말합니다. 세상 사람들은 이 때문에 금단이라고 하였습니다. 외단은 드디어 사연지단(砂鉛之丹)이라고 총칭되다가 이것에 대비되어 외단이 되었습니다. 이 때문에 복식이라고 하고 드디어 사연지단 중에서 먹을 수 있는 것을 통칭하는 것이 되었습니다. 그래서 자신이 독단적으로 구한 자들은 모두 오인하게 되었고, 다른 사람을 위해 도모하는 자들도 모두 속이는 말을 하였으니, 후학들은 마땅히 구별해야 합니다"라고 하였다. 길왕이 말하기를, "이제 비로소 주사와 납을 단련해서 먹기를 구하는 자들이 지극히 어리석고, 구하기를 탐해서 그치지 않는 자들은 가장 어리석으면서도 그 어리석음을 고치지 못하는 자들임을 알았으니 어찌 밝게 구분하여 고치지 않을 수 있겠습니까?"라고 하였다.

待到尾閭界地,

미려와 지계에 이르기를 기다린다.

眞陽曰; 尾閭者, 二十四椎脊骨下盡處. 界地者, 三岔之路, 上通丹田, 下之前, 通外腎竅, 下之後, 通尾閭. 昔曹老師先上蒲團, 先得大

---

54) 작교: 『황정경』에 의하면, 작교는 상작교와 하작교로 구분된다. 상작교는 입과 코를 의미하고 하작교는 항문과 성기이다.

55) 중루: 『황정경』에 의하면, 중루는 12중루 혹은 12옥루, 12층루라고도 하는데, 목구멍 아래 열두 마디의 기관이다.

56) 『본초』: 『본초(本草)』라는 책은 상고(上古) 때에 신농씨(神農氏)가 저술한 것으로, 역대의 명의(明醫)가 편찬(編撰)한 것이다. 대체로 초목(草木) · 금석(金石) · 조수(鳥獸) · 충어(蟲魚) 등 모든 종류로 의약(醫藥)이 될 만한 것은 거의 실려 있다.

藥, 用七日之功, 到五日之間, 忽丹田如火珠, 直馳上心, 即回下馳, 向外腎邊, 无竅可出, 即轉馳向尾閭冲關. 此皆眞炁自家妙用, 非由人力所致. 但到關邊, 必用口授天機, 方才過得關去.

진양이 말하였다. "'미려'는 스물네 마디 척추가 끝나는 아래에 있는 곳이다. '지계'는 세 가지 갈림길이 있는데, 위로는 단전에 통하고, 아래로 통하는 앞부분은 바깥 신장의 구멍과 통하고 아래로 통하는 뒷부분은 미려와 통한다. 옛날에 조 노사가 먼저 포단(蒲團) 위에서[57] 수련할 때에 먼저 대약을 얻고 칠 일간의 공부를 행하다가 다섯째 날 즈음에 홀연히 단전이 화주와 같아져서 곧바로 위로 마음에 내달리자 곧바로 되돌려 아래로 내달리고, 밖으로 향하여 신장의 바깥 변에 이르렀지만 벗어날 구멍이 없게 되자 곧 돌려 미려의 텅 빈 관문으로 향하였다. 이 모든 것이 진기 자신의 오묘한 운용이니 사람의 힘에 말미암아 그렇게 되는 것이 아니다. 단지 관문의 끝에 이르면 반드시 입으로 천기를 받아서 써야만 바야흐로 관문을 지나갈 수 있게 된다"고 하였다.

乘其眞炁自然冲關向上之機,

그 진기가 저절로 텅 빈 관문의 위를 향하는 기틀을 타고서,

太和曰, "何以得自然冲關向上?" 冲曰, 平日指引之力多故也.

길왕 태화 전하가 말하기를, "어떻게 저절로 텅 빈 관문의 위를 향하게 할 수 있습니까?" 하니, 충허가 답하기를, "지향하고 끌어당기

57) 포단: 수련 시 바닥에 깔고 앉는 자리이다. 여기에서는 수련을 하고 있는 상태를 의미한다.

는 힘이 많기 때문이다"라고 하였다.

加以五龍捧聖之秘.

다섯 용이 받드는 성인의 비기를 더한다.

按玄帝修于武當山, 于捨身崖下, 捨其凡身, 以五龍捧其聖體, 升千萬仞崖上, 當知此爲超凡入聖一大妙喻也. 盖玄言北方之色, 言坎腎也. 借帝喻我之嬰兒, 言水中之靈寶也. 五龍者, 工法中之秘機. 五龍捧玄帝上昇, 即是以秘法捧眞陽大藥, 上三關轉頂之喻.

살펴보건대, 현제[58]가 무당산에서 수련할 때에 몸을 절벽 아래에 던졌는데, 그 범부의 몸을 버리니 다섯 용이 그 성스러운 몸을 받들어 천만 길의 절벽 위로 올라왔다고 하는데, 이것이 초범입성의 큰 오묘한 비유임을 알아야 한다. 대체로 현은 북방의 색을 말하고 감신(坎腎)을 말하는 것이다. '제를 빌린다(借帝)'는 것은 나의 영아를 비유한 것이니, 수중(水中)의 영보를 말한 것이다. '다섯 용(五龍)'이라는 것은 공법의 가운데 비밀스러운 기틀이다. '다섯 용이 현제를 받들어 위로 올랐다'는 것은 곧 비법이 진양의 대약을 받들어 위로 삼관을 돌아 정상에 오른 것을 비유한 것이다.

轉尾閭 · 夾脊 · 玉枕三關,

미려와 협척과 옥침의 세 관문을 도니,

---

58) 현제(玄帝): 북방을 주관하는 신으로 전욱(顓頊)을 가리키기도 하지만, 여기서는 북방의 신이 아니라 영아에 대한 비유로 사용하였다.

吉王太和問曰, "前云三關是初·中·上, 此云是尾·脊·枕爲三, 請示曰轉者以何爲?"冲虛曰, 前云三關, 虛擬其出三界之次第, 此云三關, 實指所必由之路.『華嚴經』云, "踐如來所行之道, 不遲不速, 審諦經行"者, 即此也. 其道在背脊二十四椎問之兩頭及中也. 關者, 緊要當行之路, 而又爲難行之喻. 故名之. 尾閭者, 閭即關之義, 尾爲脊骨下盡處. 脊有中·左·右三竅, 髓實不通, 呼吸之行, 乃盡于尾, 尾之下則竅虛而氣液皆通, 虛實原以不相同. 故名下鵲橋. 以秘法天機以通之, 今炁得轉運. 夾脊者, 腰與脊之異名處. 玉枕者, 椎骨之上盡處也. 轉之者, 古云, "一孔玄關竅, 三關要路頭. 忽然輕運動, 神水自然流." 蕭紫虛眞人云, "河車搬運上昆山, 不動纖毫到玉關. 妙在入門牢閉鎖, 陰陽一炁自循環." 此即轉義也.

길왕 태화 전하가 말하기를, "앞에서는 삼관을 초관, 중관, 상관이라고 하고 여기에서는 미려, 협척, 옥침이 삼관이 된다고 하였으니, 청컨대 이렇게 바뀐 것이 무슨 까닭입니까?" 하니, 충허가 말하기를, 허로서는 그 세 관문을 벗어나는 순서로 비유한 것이고, 여기서 세 관문을 말한 것은 실지로 반드시 거치게 되는 길을 지적한 것이다.『화엄경』에 이르기를, "부처님이 행한 길을 밟아 가되 더디지도 빠르지도 않게 조심조심 살피면서 행한다"는 것이 이것이다. 그 길은 등 쪽 척추 스물네 마디 사이에 있는 두 머리 부분과 중간 부분이다. 관문이라는 것은 긴요하면서도 마땅히 행하여야 할 길이니 또 행하기 어려움을 비유한 것이다. 그러므로 이름을 관문이라고 하였다. 미려에서 '려'란 관문의 뜻이고, '미'는 척추 뼈가 아래에서 끝나는 곳이다. 척추에는 가운데, 왼쪽, 오른쪽 세 구멍이 있는데, 골수가 가득 차 통하지 않으니 호흡의 운행이 꼬리에서 마쳐진다. 꼬리의 아래는 구멍이 텅 비어 있어 기액이 모두 통하니, 빈 것과 찬 것은 원래 서로 같지 않다. 그러므로 하학교라고 부른다. 그런데 비법 천기로써 통하게 하여 지금 기가 운행한다. '협척'이란 허리와 척추가 이름이 다른 곳이다. '옥침'이란 척추가 위에서 끝나는 곳이다. '돌려 운행한다'는 것에 대해서 옛날에 "하나의 가뭇한 관문의 구멍이여, 세 관문의 핵심처로다. 홀연히 운동하니, 신수가 저절로 흐르네"라고 하였고, 소자허 진인[59]은 "하거[60]가 곤륜산 위로 운반할 때, 터럭만 한 움직임 없이 옥관에 이른다. 오묘하게 우리 문에 들어가 자물쇠로 잠그니 음양이 한 기가 되어 저절로 순환하네"라고 하였는데, 이러한 내용이 바로 돌린다는 뜻이다.

已通九竅,

이미 아홉 구멍이 통하면,

眞陽曰, 每一關有中左右三竅. 左右者, 古云 兩條白脉, 又云黃赤二道, 爲日月并行之道也. 三關則有九竅. 故邱祖門下徐復陽眞人云, "鐵鼓三三, 全憑一箭機." 佛宗人亦云, "九重鐵鼓." 又云九曲黃河 · 曹溪 · 西江 · 洞水者皆是.

진양이 말하길, "매 하나의 관문에는 가운데, 왼쪽, 오른쪽 세 구멍이 있다. 왼쪽, 오른쪽이란 옛날에 두 갈래 백맥이라고 하였고, 또 황도와 적도 두 길은 해와 달이 나란히 운행하는 길이다. 세 관문은 이처럼 아홉 개의 구멍이 있다. 그러므로 구조문하의 서복양 진인[61]

59) 소자허: 미상이다.

60) 하거: 도교 내단술의 용어로, 원기가 임맥과 독맥을 통하여 위아래로 운전되는 것을 표현한 말이다.

이 말하길, '쇠북을 아홉 번 치니 온전히 한 북채에 달렸네'라고 하였다. 불교인들이 또 말한, '아홉 겹의 쇠북'이라고 하거나, 또 '아홉 구비의 황하에 조계와 서강과 동수'라고 한 것이 모두 이 의미이다" 라고 하였다.

直灌頂門.

곧바로 정수리 문으로 흘러들어,

按, 諸佛·諸菩薩初修, 皆有水灌頂, 即此妙喻.

살펴보건대, 여러 부처와 보살이 처음 수행을 하면, 모두 수관정62)을 하게 되니, 바로 이것이 오묘한 비유이다.

夾鼻牽牛過鵲橋,

소코뚜레를 잡고 작교를 지나,

牛性主于鼻, 防牛之妄走, 故牽鼻使由于當行之道. 鵲橋者, 鼻上路不相通之處, 即崔公『入藥鏡』所謂上鵲橋也. 何爲不相通, 盖鼻上之路實, 炁不常行者, 鼻下之路虛, 乃炁所常行者. 虛實不相通, 故有妙法秘機以通. 喻曰鵲橋, 亦有大危險在也. 詳在後語錄中矣.

소의 성질은 코에 주로 있는데, 소가 함부로 날뛰는 것을 막아야 하기 때문에 코뚜레를 끌어 마땅히 가야 할 길로 가게 하는 것이다. '작교'는 코 위의 길로 서로 통하지 않는 곳인데, 최공(최희범)63)이

---

61) 서복양 진인: 미상이다.

62) 수관정: 머리에 물을 붓는 불교의 의식이다. 대승불교에서 보살이 최종직위에 들어갈 때, 모든 부처님이 지혜의 물을 그 머리 정수리에 붓고 법왕의 직을 받는다는 것을 증명하는 의식이다.

『입약경』64)에서 말한 상작교이다. 왜 서로 통하지 않는가 하면, 대체로 코의 위에는 길이 막혀서 기가 항상 운행하지 않고, 코 아랫부분의 길은 텅 비었으므로 곧 기가 항상 운행하는 곳이다. 텅 빈 것과 막힌 것이 서로 통하지 않으므로 오묘한 법의 비기로 통하게 하는 것이다. 이를 작교라고 비유하여 말한 것인데, 또 커다란 위험이 있는 곳이기도 하다. 상세한 내용은 이후의 『선불합종어록』에 설명이 있다.

下重樓,
목 경추를 내려가,

喉之十二重樓也.
목의 열두 마디의 경추이다.

而入中丹田神室之中, 而亦通徹於下田, 若合中・下爲一者.
중단전 신실의 가운데로 들어가고, 또 하단전을 두루 통하되 가운데와 아래가 합하여 하나가 된 듯이 하여,

堂任太一問, "入中田, 宜如何用功?"冲虛曰, "昔曹老師云, 下重樓而服食之, 是得坎實点化離陰, 名乾坤交媾也, 正是中丹田事, 所行大周天之火候." 火, 原是在下之物, 却合下丹田. 而行者雖合下而用, 時時充滿虛空, 此便見合中, 下成一箇虛空大境界. 即有昇降時,

---

63) 최희범: 당나라 때의 인물이다. 호는 지일진인(至一眞人)이다. 『입약경(入藥鏡)』을 편찬했다. 정기신을 대약으로 삼아 내단수련이론을 펼쳤다. 심화(心火)로써 몸 안을 살피면 오장육부를 볼 수 있기 때문에 경(鏡)이라고 칭했다.

64) 『입약경』: 최희범의 저술로, 정기신을 약물로 삼아 내단 수련을 서술한 책이다.

而眞我不動之原性猶在于合下之內. 故世尊坐於菩提樹下, 而上昇須彌頂 · 昇叨利天, 昇兜率陀天說法而亦不離于菩提本座者, 與此同, 此『華嚴經』之說也. 又『大集經』云, "佛成正覚于欲色天二界中間, 化七實坊如大千世界十方佛刹, 爲諸菩薩顯說甚深佛法, 令法久住"者, 皆同此意. 世有人因古言心下腎上處, 肝西肺左中, 遂擬以着在臍之上有一穴, 如此則无根可歸, 殆非也.

조카인 태일[65]이 묻기를, "중단전으로 들어가려면 어떠한 공부를 해야 합니까?" 하니, 충허가 답하기를, "옛날에 조 노사가 말하기를, '중루로 내려가 그것을 복식하면 감괘의 중효가 변화하여 리괘의 중효를 채우게 되는데, 이를 건곤교구라고 하였다.[66] 바로 이것이 중단전의 일로 대주천의 화후를 행할 때이다.'" 불이란 원래 아래에 있는 물건인데 도리어 하단전과 합하여 행한다. 비록 아래와 합하여 쓰지만 때때로 텅 빈 곳을 가득 채우니 이것을 통해 가운데(중단전)와 아래(하단전)가 합하여 하나의 텅 빈 대경지를 이루는 것을 알 수 있다. 오르고 내릴 때, 진아의 움직이지 않는 본성은 여전히 아래와 합한 것 속에 있게 된다. 그러므로 석가세존께서 보리수 아래에 앉아서 수미산[67] 정상으로 오르고, 도리천[68]에 오르고, 도솔천[69]에

65) 조카 태일: 충허자의 조카 태일을 말한다. 『선불합종어록』의 질문에 조카 태일이 등장한다.

66) 건곤교구: 대주천의 수행을 말한다. 진충소(陳冲素)의 『규중지남(規中指南)』에 따르면, "건곤이 교구한 것을 대주천이라고 하는데, 감리교구 이후에 나타난다. 대체로 약이 이미 생성되어 여기에서 나온다"라고 한다.

67) 수미산: 고대 인도인들이 생각한 세계의 중심에 있는 산이다.

68) 도리천: 수미산 정상에 있는 천이 도리천이다. 도리천에는 제석천(帝釋天)을 위시하여 33천이 있다. 제석천은 33천 중에서 우두머리로, 불법과 불법에 귀의하는 사람들을 보호한다.

69) 도솔천: 도리천 위에 야마천(夜摩天)이 있고, 그 위에 도솔천이 있다. 석가모니가

올라 설법하시지만, 여전히 보리수 아래의 그 자리를 벗어나지 않으셨던 것도 이것과 같은데, 이것이 『화엄경』의 설이다. 또 『대집경』[70]에서 "부처가 욕계와 색계 가운데에서 정각을 이루어서 칠보방[71]으로 변화시키니, 예를 들면 대천세계[72]와 십방불찰[73]과 같은 것이 여러 보살이 깊은 불법을 설명하고 영법이 영구히 머무르게 된다"라고 한 것이 이것과 같은 뜻이다. 세상에 어떤 사람들은 중단전을 옛말에 심장의 아래 신장의 위, 간장의 서쪽 폐장의 왼쪽 가운데라고 한 말 때문에 마침내 배꼽의 위에 하나의 혈이 있다고 생각했는데, 이와 같이 하면 귀착할 근거가 없는 것으로 거의 잘못된 것이다.

카필라성의 왕자로 태어나기 이전에 이곳에 있었다고 전해진다.

70) 『대집경』: 『대방등대집경(大方等大集經)』을 말한다. 대승육바라밀법과 제법성공을 주요내용으로 한, 밀교 색채가 농후한 불교경전이다.

71) 칠보방: 일곱 가지 진귀한 보물로 만든 세상[坊]이다. 일곱 가지 보물은 금, 은, 유리 등이다.

72) 대천세계: 고대 인도인들의 우주관과 관련이 있다. 일대삼천대천세계(一大三千大千世界), 일대삼천세계(一大三千世界), 삼천세계(三千世界)로 불리기도 한다. 수미산을 중심으로 주위를 둘러싼 4대주 및 아홉 산, 여덟 바다를 일소세계(一小世界)라고 부른다. 이 일소세계가 일천 개 모여서 小千世界가 되고, 소천세계 일천 개가 모여서 中千世界가 되며, 중천세계 일천 개가 모여서 大千世界가 된다. 이 대천세계는 소대천세계, 중대천세계, 대대천세계 세 종류가 있어서 三千大千世界라고 부른다.

73) 십방불찰 십방정토(十方淨土), 십방제불정토(十方諸佛之淨土), 십방불토(十方佛土), 십방불국(十方佛國), 십방묘토(十方妙土) 등으로 불린다. 구체적으로는 다음과 같다. 동쪽에 근심 없는 세상(無憂世界)이 있는데 불명으로는 선덕여래(善德如來)라고 부르고, 남쪽에는 환희의 세상(歡喜世界)이 있는데, 불명으로 전단덕(栴檀德)이라 부르며, 서쪽에는 잘 해탈하는 세상(善解世界)이 있는데, 불명으로는 무량명(無量明)이라고 부르고, 북쪽에는 움직일 수 없는 세상(不可動世界)이 있는데, 불명으로는 상덕(相德)이라 부르며, 동남쪽에는 달 밝은 세상(月明世界)이 있는데, 불명으로는 무우덕(無憂德)이라고 부르며, 서남쪽에는 온갖 상의 세계가 있는데, 불명으로 보시(寶施)라고 부르며, 서북쪽에는 온갖 소리의 세계(衆音世界)가 있는데, 불명으로 화덕(華德)이라 부르며, 동북쪽에는 편안히 은거하는 세상(安隱世界)이 있는데, 불명으로 삼승행(三乘行)이라고 부르고, 하방에는 광대한 세상(廣大世界)이 있는데 불명으로 명덕(明德)이라고 부르며, 상방에는 온갖 달의 세상(衆月世界)이 있는데, 불명으로는 광중덕(廣衆德)이라고 부른다.

以行大周天之氣候.

대주천의 기후를 행하라.

此以後火候名大周天, 與百日小周天者不同. 故古人云, "自後仍吹无孔笛, 從今別鼓没弦琴."
이 단계 이후의 화후를 대주천이라고 하는데, 백 일 동안의 소주천과는 같지 않다. 그러므로 옛사람들이 말하기를, "이 이후 여전히 구멍 없는 피리를 불고 지금부터는 현 없는 거문고를 탄다"고 하였다.

大周天者, 如一日實周一天也. 一符如是, 十百千萬符皆如是; 一時如是, 三千六百時亦皆如是, 以周十月之天也.
대주천이란 것은 실제로 하루에 태양이 하늘을 한 바퀴 도는 것과 다르지 않다. 하나의 부(一符)[74]가 이와 같으면 십·백·천·만 부가 다 이와 같고, 일시가 이와 같으면 삼천육백 시가 또한 모두 이와 같아서 십 개월에 하늘을 한 번 주천한다.

吉王殿下太和問曰, "何爲有大·小周天之異名?" 冲虛曰, "天固一也, 而所用之功, 有大小之異也. 小者有間, 大周則无間矣, 小者有時, 大周則無時矣, 小者有數, 大周則無數矣." "何爲有間·有時·有數·无時·无間·无數?" 答曰, "古云'運罷河車君再睡, 來朝依旧接天機', 言有間也. 古云'子午功, 是火候, 卯時沐浴酉時同', 言有時也. 古云 '二百一十六用在陽時, 一百四十四行于陰候', 言有數也. 古云 '功夫常不間, 定息號靈胎', 言无間也. 古云 '晝夜晨昏

74) 하나의 부(一符): 연단 시에 시간을 계산하는 단위이다. 연단가들은 하루를 12시로 나누고, 한 시간을 3부로 나눈다. 그러면 하루는 36부가 된다.

看火候', 言无時也. 古云'不在吹噓并數息, 天然', 言无數也. 此煉炁化神必然之候, 爲大周天之妙用也. 初時一瞬一息爲周一天, 至一刻爲一瞬息周一天, 至一時爲一瞬息周一天, 至一日, 十日 · 一月 · 十月爲一瞬息周一天. 元炁隨呼吸氣而俱住, 俱无, 不似小周天之一時三十六, 二十四周于天者之可易行也. 非大而何?"

길왕 전하 태화가 묻기를, "무엇 때문에 대주천이니 소주천이니 이름이 다릅니까?" 하니, 충허가 말하길, "천은 본래 하나이지만 공부하는 과정에는 대 · 소의 다름이 있다. 소주천에는 단계의 구분이 있지만 대주천에는 단계의 구분이 없고 소주천에는 정해진 시간이 있지만 대주천에는 정해진 시간이 없으며, 소주천에는 정해진 횟수가 있지만 대주천에는 정해진 횟수가 없다"고 하였다.

길왕 전하 태화가 다시 묻기를, "무엇 때문에 단계의 구분이 있고 정해진 때가 있고 정해진 횟수가 있으며, 단계의 구별이 없고 정해진 때가 없고 정해진 횟수가 없습니까?" 하니, 답하길, "옛말에 '운행이 중단되자 하거군이 다시 잠들었다가 아침이 되자 옛날처럼 다시 천기를 접하였네'라고 하였으니, 이는 단계의 구분이 있는 것을 말한 것이다. 옛말에 '자시공부와 오시공부는 바로 화후이고 묘시에 목욕하는 것을 유시와 같게 한다'라고 하였는데, 이것은 정해진 때가 있는 것을 말한 것이다. 또 말하기를 '이백십육 가지의 운용은 양시(陽時)에 있고 일백사십사 가지는 음후(陰候)에서 운행한다'라고 하였는데, 이것은 정해진 횟수가 있는 것을 말한 것이다. 또 말하기를 '공부를 항상 끊임없이 하여 호흡이 안정되는 것을 영태(靈胎)라고 부른다'라고 하였는데, 이 말은 단계의 구분이 없다는 것을 말한 것이다. 또 말하기를 '밤낮과 아침저녁으로 화후를 본다'라고 하였는데, 이것은 정해진 때가 없다는 것을 말한 것이다. 또 말하기를 '마시고 들이쉴 때 숨을 세지 않고 자연스럽게 한다'라고 하였는데, 이것은 정해진 횟수가 없다는 것을 말한 것이다. 이상의 것들은 연기화신이 일어나는 필연적인 징후로써 대주천의 묘용이 된다. 처음에는 눈 깜박할 사이에 한 번 숨 쉬는 것이 일주천이 되었다가 일각에 한 호흡하는 것이 일주천이 되고, 한 시간에 한 호흡하는 것이 일주천이 되고 하루에 한 번 숨 쉬고, 열흘에 한 번 숨 쉬고 한 달에 한 번 숨 쉬고, 열 달에 한 번 숨 쉬는 것이 일주천이 된다. 이렇게 되면 원기가 호흡의 기를 따라 함께 머물러 있거나 머물러 있지 않거나 하므로 소주천에서 한 시간에 36번, 24번 하늘을 도는 것처럼 쉽게 행할 수 있는 것이 아니니, 이것이 큰 것이 아니고 무엇이겠는가?"라고 하였다.

懷胎煉炁化神入定者之候如此. 其中有三月定力而能不食世味者, 有四 · 五月而或多月始能不食者.

태를 품어 기를 단련하고 신으로 화하여 입정하는 징후가 이와 같다. 그중에는 3개월 만에 공력이 응결되어 세속의 음식을 먹지 않는 자도 있고, 4개월이나 5개월 혹은 더 많은 개월 수가 지나서야 비로소 세속의 음식을 먹지 않을 수 있는 사람도 있다.

三月之久, 即能不食, 是入定之功勤者, 四 · 五月 · 多月之久始能不食, 功夫少者得證果遲.

3개월 만에 먹지 않을 수 있다면 이것은 입정의 공부가 근실한 자이고 4, 5개월이나 또는 그 이상의 기간이 지나야 비로소 먹지 않을 수 있는 자는 공부가 적은 자로써 증과를 얻은바가 더딘 것이다.

唯絶食之證速, 則得定出定亦速,
절식의 증과가 빠를 경우에는 득정(得定)과 출정(出定)이 또한 빠르고,

食爲陰, 有一分陰在, 則用一分食. 分陰未盡則不仙, 分食未絶亦不成仙.
음식은 음이므로 우리 몸에 한 푼의 음기라도 남아 있다면 한 푼의 음식을 먹게 된다. 한 푼의 음기라도 아직 남아 있다면 신선이 되지 못하고 한 푼의 음식이라도 아직 끊지 못하면 또한 신선이 되지 못한다.

絶食遲者, 則得定出定亦遲. 所以然者, 由定而太和元炁充於中, 則不見有饑, 何用食? 又必定心堅確, 故得定易, 而有七月者, 有八 · 九月 · 十月而得定者. 若定心散亂, 故得定難. 而有十月之外者及不可計數之月而始得定者, 即歇氣多時, 火冷丹力遲之說也. 今以十月得大定者言之, 其中又有神胎將完, 第八 · 九箇月 · 十箇月之時, 外景頗多.
절식이 더디면 득정과 출정도 또한 더디다. 그러한 이유는 정으로 말미암아 크게 조화로운 원기가 몸속에 충만하면 배고프지 않은데 먹을 필요가 있겠는가? 또 반드시 마음을 안정시키는 것이 견고하고 확실하기 때문에 득정이 쉬워서 7개월 · 8개월 · 9개월 · 10개월 만에 득정한 자도 있다. 그렇지만 만약 정한 상태에서도 심이 산란

하기 때문에 득정이 어려워서 10개월을 넘거나 또는 그 이상의 개월 수가 되어야 비로소 득정하는 자도 있으니, 이는 바로 기가 오랫동안 쉬게 되면 화후가 식어서 단력이 생기는데 더디다는 말이다. 지금 10개월 만에 대정을 얻는 것으로 말하면, 그 가운데에 또 신태가 장차 완성되려고 할 때, 제8개월, 9개월, 10개월이라는 시간에는 외경이 자못 많아져서,

外景者乘陰爲魔也, 此時或有一·二分陰未消得盡. 若有一分陰在, 即有一分魔來.
외경이라는 것은 음을 타서 마가 된 것이다. 이때에는 한두 푼의 음이라도 다 소진하지 못하고 남아 있을 수 있는데, 만약에 한 푼의 음이라도 남아 있다면 한 푼의 마가 있게 된다.

或見奇異,
혹은 기이한 것을 보거나,

世俗中平日所無者而今始有一見之. 謂之奇異, 乃見之魔. 眼可見而見者, 曰外魔, 曰邪魔, 曰天魔, 眼不可見而心見者, 曰陰魔. 見而喜悅貪見則着魔矣. 見而不見, 則不着魔矣.
세속 가운데 평소에 없다가 지금 비로소 보이는 것이 있다. 그것을 한 번 보면 기이하다고 하는데 이것은 보이는 마이다. 눈으로 볼 수 있는 것을 보는 것을 외마·사마·천마라고도 하고 눈으로는 볼 수 없고 마음으로 볼 수 있는 것을 음마라고 한다. 보고 기뻐해서 계속 보려고 하면 마에 빠지고 보여도 보지 않는다면 마에 빠지지 않는다.

或聞奇異,

기이한 것을 듣기도 하며,

此聞魔也. 不見不聞爲定, 聞爲魔, 則亂定者. 喜其異聞而貪聞之, 則着魔, 聞而不聞, 則不着魔.

이것은 들리는 마이다. 보지도 않고 듣지도 않으면 정(定)이 되는데, 들어서 마가 되면 정을 어지럽힌다. 기이하게 들리는 것을 기뻐하여 계속 들으려고 하면 마에 빠지고, 들려도 듣지 않으면 마에 빠지지 않는다.

或有可喜事物,

기뻐할 만한 일도 있고,

世法中平日所有者, 或已遇過之熟境已掃去而復偶有, 故曰可喜 · 可惧 · 可信. 如此下三者可喜者, 聲色 · 富貴, 玩好受用皆是, 皆勿貪喜.

세상 속에서 평소에 있었던 것들 중에 혹 더러 익숙하게 지내다가 없어진 뒤에 우연히 다시 있게 되니 그러므로 기쁠 수도 있고 두려울 수도 있고 믿을 수도 있다고 말한 것이다. 이로부터 아래 세 가지 가운데 기뻐할 만하다는 것은 성색, 부귀를 즐기고 좋아하여 수용하는 것이 모두 그런 것들이니 탐하거나 기뻐하지 말라.

或有可惧事物,

두려워할 만한 일도 있으며,

可懼亦非一, 水火 · 刀兵 · 劫殺 · 打骂, 一切驚恐皆是, 皆不可妄生懼心.

두려워할 만한 것은 또한 하나뿐이 아니고 물난리, 불난리, 겁살, 매질 등 일체 놀랍고 두려운 것이 모두 이러한 것들이니, 망령되이 두려워하는 마음을 먹지 마라.

或有可信事物,

믿을 만한 일도 있고,

平常或有愿望而欲求者, 或欲求而未得者, 今若遂愿 若應求 爲理之可信. 如山東張先生在圜中見天魔, 而誤信爲身外有身之類者, 餘仿此.

평상시에 혹 바라서 구하는 것도 있고 구하려고 하는데도 얻지 못하는 것도 있는데, 지금 소원을 이루었거나 구한 것이 응해졌을 때 이치상으로 믿을 수 있게 된다. 예를 들면 산동 장 선생[75]이 원중[수련처]에 있을 때 천마를 보고 몸 밖에 자신이 출신한 몸이 있다고 잘못 믿는 것과 같은 종류이니, 그 나머지도 이와 같다.

或有心生妄念.

마음에 망령된 생각이 생기기도 한다.

上五者是外來之魔, 此一句言心之妄, 无故而妄想所生. 佛宗人謂之陰魔, 又謂之陰盖.

앞에서 말한 5가지는 외부로부터 온 마이고 여기 한 구절은 마음이 망령된 것을 말한 것이니, 아무런 이유도 없이 망상이 생기는 것이다. 불교인들은 이것을 '음마' 또는 '음개'[76]라고도 한다.

---

75) 산동 장 선생: 미상이다.

76) 음마 또는 음개: 수련을 행할 때 나타나는 환상적인 형상을 말한다.

或有奉 上帝高眞 · 衆聖法旨而來試道行,

그리고 혹은 상제의 높은 진리와 여러 성인들의 가르침을 받들고 와서 도행을 시험하기도 하고,

『四十九章經』云, "諸天仙人來試. 或試以所欲, 或試以所不欲, 或試以所難, 或試以所畏. 試之過者, 諸天保擧, 是謂得道."

『사십구장경』[77]에서 말하길, "모든 천선인이 와서 그를 시험할 때 그가 원하는 바로서 시험하기도 하고, 원하지 않는 바로서 시험하기도 하고 혹은 어려워하는 바로서 시험하기도 하고 혹은 두려워하는 바로서 시험하기도 하는데, 시험에 통과한 자는 모든 하늘이 보증하고 천거하니 이것을 일러 득도라고 한다"고 하였다.

或張妖邪魔力而來盗眞炁.

혹은 요사한 마력을 펼치고 와서 진기를 훔치기도 한다.

如狐精化美女, 淫浸奪炁等事皆是.

예를 들면 여우의 정[78]이 미녀로 변하여 유혹하여 기를 빼앗아 가는 등 일이 모두 이것이다.

凡此一切, 不論心妄見魔,

무릇 이 모든 것은 마음이 망령되어 마를 보는 것임은 말할 것도 없

---

77) 『사십구장경』: 『太上虛皇天尊四十九章經』을 말한다. 편찬인을 알 수 없다. 수당대의 서적으로 보인다. 허황천존(虛皇天尊)이 오묘하게 진인에게 강설한 것으로, 49장으로 이루어져 있다. 청정무위를 주된 내용으로 하면서 불교의 사상을 결합한 책이다. 『도장』 통진부에 수록되어 있다.

78) 여우의 정: 여우의 정이 귀신으로 변화하여 환술을 부리는 것을 말한다.

거니와,

若心中生一妄, 則急提正念而妄自无. 若眼前見一魔, 亦急提正念, 不應魔而魔自退去矣.
만약에 심중에 조금이라도 망념이 생긴다면 급히 정념을 일으키면 망념은 저절로 사라진다. 만약에 눈앞에 마가 보이면 또한 빨리 바른 생각을 일으키어 마에 응하지 않으면, 저절로 물러간다.

果邪果試, 一切不着, 俱以正念掃去,
마가 드러나고 천신이 시험하더라도 일절 빠지지 않고 모두 정념으로 쓸어 버리고 나서,

『四十九章經』云, “不與群魔競, 來者自返戈.” 丁靈陽云, “靜中抑按功深, 或見有仙佛 · 鬼神 · 樓台 · 光彩, 一切境界見前 不得起心憎愛.” 俞玉吾云, “任他千變萬化, 一心不動, 萬邪自退.” 如鐘離眞人試呂純陽以十魔, 呂眞人皆无着. 又如壺公以朽索懸大石于費長房座上之梁, 有大蛇嚙索將斷, 令石壓費不爲之懼, 而正念長存, 此眞降魔之明案也.
『사십구장경』에서 말하길, “온갖 마와 더불어 다투지 않으면 오는 마도 저절로 창을 거꾸로 들고 돌아간다”라고 하였고, 정영양[79]이 말하길, “고요한 가운데 억제하는 공부가 깊어지면 혹 신선과 부처, 귀신 · 망루 · 광채가 보이기도 한다. 이러한 일체의 경계가 눈앞에서 펼쳐지더라도 좋아하거나 미워하는 감정을 일으키지 마라”라고

79) 정영양: 미상이다.

하였고, 유옥오[80]가 말하길 “그들이 천변만화를 일으키더라도 내버려 두고 한결같은 마음으로 움직이지 않는다면 모든 삿된 것이 저절로 물러간다”고 하였다. 예를 들면 종리 진인이 여순양에게 열 가지 마로 시험하였으나 여순양은 시험에 빠지지 않았다. 또한 예를 들면 호공은 비장방이[81] 앉아 있는 자리 위의 들보에 썩은 동아줄로 큰 돌을 매달아 드리우고, 큰 뱀이 동아줄을 이빨로 물어뜯어 끊어서 돌을 떨어뜨리려고 하였다. 그러나 비장방은 두려워하지 않고 정념을 오래도록 간직하고 있었으니, 이것이야말로 마를 항복시키는 좋은 방안이다.

只用正念以煉炁化神, 自然得至呼吸絶而無魔矣.

단지 정념을 통하여 연기화신하면 자연히 호흡이 끊어져서 마가 없는 데 이른다.

眞陽曰, “有呼吸未盡之定, 即是陰未絶盡而陽未純, 故魔可來到, 呼吸絶而陰盡純陽, 則神全大定. 不用見聞知覚于外, 則魔不能干犯, 我不用見, 魔亦不見于我, 我不用聞, 魔亦不聞于我. 故呼吸絶者, 自无魔矣.”

진양이 말하길, “호흡이 아직 남아 있는 단계에서는 음이 아직 다

80) 유옥오: 유옥오(1258~1314)는 유염(兪琰)이다. 자는 옥오(玉吾)이고 호는 전양자(全陽子), 임옥산인(林屋山人), 석간도인(石澗道人)이다. 주역과 내단에 정통하였다. 그는 음양쌍수파를 반대하고 청수를 주장하였다. 저서로는 『주역집설(周易集說)』, 『주역찬요(周易纂要)』, 『주역참동계발휘(周易参同契發揮)』, 『역외별전(易外別傳)』, 『음부경주(陰符經注)』 등이 있다.

81) 호공은 비장방: 동한시대의 방사인 비장방과 옹호공(翁壺公)이다. 전설에 따르면 비장방이 옹호공을 만나 입산수도한 것으로 나온다. 『후한서/방술열전』에 나온다.

끊어지지 않아 양이 아직 순수하지 않은 상태이기 때문에 마귀가 올 수 있으나, 호흡이 끊어져서 음이 다하고 양이 순수해지면 신이 온전해져서 대정(大定)에 든다. 견문을 통해서 외부사물을 느끼지 않으면 마가 범할 수 없으니 내가 보지 않으면 마도 또한 나를 보지 않고, 내가 듣지 않으면 마 또한 나에 대한 것을 듣지 않기 때문에 호흡이 끊어진 자는 저절로 마가 없어진다"고 하였다.

昔邱長春老祖師掃去魔後曾云, "魔過一次, 長福力一次; 魔過十分, 長福力十分. 每當過一番魔, 心上愈明一番, 性愈靈一遍."
옛날에 구장춘 노조사가 마를 없애 버린 후에 말하기를, "마가 한 번 지나가면 복력이 한 번 더 커지고 마가 완전히 지나가면 복력도 완전히 커진다. 마가 한 번 지나갈 때마다 마음이 한 번 더 밝아지고 성도 한 번 더 신령스러워진다"라고 하였다.

此七句是我本宗老祖師邱眞人之言也, 冲虛子引證降魔之案. 按邱祖每只爲福小不能心定. 當過二番死魔, 二次飛石打折三根肋骨, 又险死, 撲折三番臂膊. 恁般魔障, 皆不動心, 越生苦志. 冲虛子昔于謝家 住七十八日, 被火灾所魔. 以所賣家産千余金, 并九轉之力, 備以入山住静, 供護衆居食之資者, 盡爲所毁. 當此急用之需, 慨然盡棄而不救, 亦爲當過此魔而已. 有友云, "何不救? 雖少得亦可." 答曰, "有邱祖案在, 修行岸頭, 原不動心與魔應. 棄物同於棄家, 千余金 何足重?"
이 일곱 구절은 우리 본종파(전진교 용문파)인 노 조사 구 진인(구처기)의 말인데, 충허자가 이것을 인용하여 마를 제압하는 대책으로 삼았다. 생각건대 조사 구 진인은 언제나 복력이 작아서 마음을 안정하지 못하였다. 두 번이나 마가 죽이려고 한 적이 있었는데, 두 차례 날라 오는 돌에 맞아 세 개의 근골 뼈가 부러졌으며, 또 죽을 위험에 닥쳐 팔뚝이 세 번 부러졌다. 그렇지만 이러한 마의 장애를 내버려 두고 마음을 움직이지 않은 채 괴로움을 뛰어넘었다. 충허자가 옛날에 사씨 집안[82]에서 78일 동안 머물러 있다가 화재로 인한 마를 입었다. 그로 인해 가산을 팔아 만든 천여 금과 구전환단에 필요한 재력과 입산하여 머물면서 대중이 거처하고 먹을 것을 제공하고 보호해 줄 자금이 모두 훼손되어 버렸다. 이때에 급하게 쓸 것을 구하여야 하는데도 담대하게 다 버리고 구해 내지 않았으니, 이 또한 마땅히 겪어야 할 마라고 여겼을 뿐이다. 다른 친구가 말하길, "어째서 구해 내지 않았는가? 비록 조금이라도 구해 내면 좋지 않았겠는가"라고 하니, 답하길, "구 조사의 수행방법이 있는데 '수행할 때 원래 마음을 움직여 마에게 응하지 않아야 하고, 재물을 버리는 것은 집을 버리는 것과 같이 하여야 한다'라고 하였는데, 천여 금이 어찌 중요하겠는가?"라고 하였다.

此修士所以不可不知者. 既得呼吸無, 則氣不漏而同炁返純, 神則無復有炁與氣矣. 如有氣, 則呼吸雖暫似無漏, 未爲眞絶也.

이것을 수련하는 사람이 몰라서는 안 되는 것이다. 이미 호흡을 하지 않는 단계에 이르면 후천기가 새지 않아서 선천기와 함께 순수한 신(純神)으로 돌아가니 다시는 선천기와 후천기가 있지 않다. 만일 선천기가 있다면 호흡이 비록 잠시 새지 않는 것 같더라도 진짜로

82) 사씨 집안: 미상이다.

호흡이 끊어진 것은 아니다.

呼吸少定而未絶, 則神隨之亦只少定而未大定. 此時正宜綿密功夫, 直入大定而純, 神, 若有出入間斷, 即同走丹.

호흡이 소정에 들어 끊어지지 않으면 신도 따라서 소정의 상태에 있을 뿐이지, 대정의 단계에 들어간 것은 아니다. 이때에 바로 공부를 면밀히 하면 바로 대정에 들어가 순수해지지만, 신이 만약 들어가고 나오는 틈이 있다면 바로 잘못 만들어진 단(丹)과 같이 된다.

必至無炁而後已.

그러므로 반드시 선천기가 없어지는 데에 이르러야만 연기화신의 단계가 마쳐진다.

眞炁大藥服食已盡, 是炁已大定矣, 則神全而亦大定, 煉炁化神之事始畢矣.

진기, 대약, 복식의 단계를 이미 마쳐서 기가 대정에 들었다면 신도 온전해져서 또한 대정에 드니 연기화신의 일이 비로소 마쳐진다.

此第二關返一之理, 如此正已返到父母初交入胞之境矣. 但父母初交時, 只虛無之炁, 神未分于炁中也. 此則返合於神, 只存一虛无之神在焉.

이것이 두 번째 관문에서 첫 번째 관문으로 돌아가는 이치이니, 이와 같아지면 바로 부모가 처음에 성교하여 수태한 상태로 되돌아가는 것이다. 다만 부모가 처음에 성교하였을 때는 허무한 기의 상태로 신이 아직 기 가운데에서 나뉘지 않았다. 이것은 바로 기가 신으로 돌아가 합하여지는 것으로서 다만 하나의 허무한 신만 존재할 뿐이다.

此直說分剖人胎·神胎之所以然.
여기에서 직접적으로 말하여 인태(人胎)와 신태(神胎)의 소이연에 대하여 분별하였다.

神已純全·胎已滿足, 必不可久留於胎.
신이 이미 완전해지고, 태가 이미 충분히 자라면 반드시 오랫동안 태 속에 머물러 있어서는 안 된다.

昔藍養素于南嶽山養胎旣成而不能出, 劉海蟾以李玉谿『十詠』寄之, 指示脫胎出神. 養素撫掌大笑而出. 此見胎之必不可久留, 亦見暗中有聖賢提揭者.
冲虛曰, 胎者, 形也. 久留在胎, 局于形中而不超脫者. 其炁之滅盡定者, 猶可離定而爲動, 動則同于屍解之果而已. 神之定者亦離定而動, 胎脫則神離形, 在虛空之境矣. 神還虛空而極虛空, 則虛空安有壞耶? 夫自其脫精成炁爲入胎之始, 脫炁氣而成神爲成胎之終. 炁不入于胎, 猶可復爲精也, 以未超脫其精之境也. 神不出于虛空, 猶可動其定而馳逐其氣也, 以未超脫其炁氣之境也, 故李·曹二眞人曰, "不超不脫不神來", 言必出神而後得神仙, 以向天仙也.
옛날에 남양소[83]가 남악산에서 수련할 때, 태가 이미 이루어졌는데도 출태하지 못하자, 유해섬이 이옥계[84]의 『십영(十詠)』[85]을 보내

83) 남양소: 미상이다.
84) 이옥계: 미상이다.
85) 십영: 미상이다.

주었는데, 그것은 탈태 출신하는 방법을 가리켜 준 것이었다. 남양소가 그것을 보고 손바닥을 치고는 크게 웃고 나서 출태하였다. 여기에서 태가 반드시 배 속에 오래 머물러 있을 수 없다는 것과 또한 암암리에 성현이 제시해 주는 바가 있음을 볼 수 있다.

충허가 말하였다. 태(胎)라는 것은 형체이므로 태 속에 오래 머물러 있으면 형체 속에 국한되어서 초탈할 수 없다. 그 기가 다 사라져 입정에 든 것도 오히려 정을 떠나 움직일 수 있으니, 움직이면 진실로 정과 분리되어 움직이게 되니, 움직이면 시해선[86]의 결과밖에 되지 않는다. 신이 입정(入定)에 들어서도 또한 정을 떠나 움직여서 탈태를 하게 되면 허공의 영역에 있게 된다. 신이 허공으로 돌아가 극도로 허공해지면 그 허공이 어찌 무너질 수 있겠는가? 그 정을 벗어나 선천기를 이룬 것이 입태의 시작이 되고, 선천기와 후천기를 벗어나서 신을 이루는 것이 성태의 마침이 된다. 선천기가 태 속으로 들어가지 않으면 오히려 다시 정이 될 수 있으니 아직 그 정의 영역을 초탈하지 못하였기 때문이다. 신이 허공으로 나오지 못하면 오히려 그 정을 움직여서 그 기를 쫓아가게 되니 아직 그 선천기와 후천기의 영역을 초탈하지 못하였기 때문이다. 그러므로 이 진인(이허암)과 조 진인(조환양) 두 사람이 말하기를 "초탈하지 못하면 신이 나오지 못한다"라고 하였는데, 반드시 출신한 후에야 신선이 되어서 천선을 지향한다는 것이다.

如子胎十月，形全則生，神胎十月，神全則出，理勢之必至也.

86) 시해선: 유체가 없고 의복만이 남아 있거나, 허물만을 남기고 유체가 사라진 경우를 시해선으로 말한다.

此則再用遷法，以神之不長着於中下而離着，自中下而遷于上丹田，

예를 들면, 인태는 십 개월이 되면 형이 온전해져서 태어나고, 신태는 십 개월이 되면 신이 온전해져서 출태하는 것과 같으니, 이는 이치의 흐름상 반드시 그렇게 될 수밖에 없는 것이다. 이때에는 다시 천법(遷法)을 써야 하는데, 신이 중단전과 하단전에 오래 머물러 있지 않고 떨어지므로, 중단전, 하단전으로부터 상단전으로 옮겨야 하기 때문이고,

前之初關 · 中關皆是三田反覆. 化炁于下, 亦由上而中而下, 及化神, 轉上而居中. 中原是虛境, 無所拘着, 而若不遠于炁根, 故云合中. 下皆在虛境之內, 卽世尊寶塔從地涌出在虛空中之說也. 上丹田者, 頂門邊之泥丸宮也. 旣成純神, 則謂之見性, 神之静體謂之性, 性之大用及通而无障碍處謂之神. 古云, "性在泥丸, 命在臍也."

앞의 초관과 중관의 단계는 모두 삼전의 반복[87]이다. 하단전에서 선천기로 화하면 그 선천기가 또한 상단전을 경유하여 중단전으로 내려오고 중단전에서 하단전으로 내려갔다가, 신으로 화하게 되면 다시 위로 올라가 중단전에 있게 된다. 중단전은 원래 텅 빈 경계이니 붙잡아 둘 곳이 없어서 기의 뿌리에서 멀지 않은 것 같으니 그러므로 '합중(合中)'이라고 이른다. 하단전도 모두 텅 빈 경계의 안에 있으니, 즉 세존보탑이 땅에서 우뚝 솟아 허공 가운데 있다는 설과 같

87) 삼정의 반복: 내련대환단(內煉大還丹)의 법, 삼원(三元) 용법이라고도 한다. 감괘에서 금정이 날아가면 하단전에서 상단전으로 돌아가고, 이괘에서 약을 채취하면 하단전에서 중단전으로 돌아가고, 건괘에서 양관(陽觀)을 통솔하면 중단전에서 하단전으로 돌아가는데 이것을 삼전반복이라고 한다.

다. 상단전이라는 것은 정수리 주변의 니환궁이다. 이미 순수한 신(純神)을 이룬 것을, 즉 견성(見性)이라고 하고, 신의 정체를 일러 성이라고 하고, 성의 큰 쓰임이 통합에 이르러 장애를 일으키는 곳이 없는 것을 신이라고 한다. 그러므로 옛말에 이르기를 "성은 니환궁에 머물지만 명은 배꼽에 있다"라고 하는 것이다.

以加三年乳哺, 九年大定, 煉神而還虛也.

삼 년간 젖을 먹이고 구 년간 대정을 하여 신을 단련하여 허로 돌아가야 하기 때문이다.

乳哺者, 養出胎之子也, 爲養神之喻也. 仙以得定成神. 雖得定, 乃初有所得, 未能久定, 乳哺以加養, 使神能大定而久也. 還虛者, 炁久定而絶無, 神不必用乳哺之時. 蓋由煉炁之初, 神爲主令而定其炁, 知有神也, 故曰化神. 炁大定, 神亦大定, 神不用使令而若无神, 故曰虛, 正無法無佛者之謂也.

'유포(乳哺)'라는 것은 태에서 벗어난 자식을 키우는 것이니, 이것은 신을 기르는 비유이다. 신선은 정(定)을 얻어 신을 이루는 것이다. 비록 처음에 득정하였더라도 오래도록 定에 들어 있을 수 없으므로, 젖을 먹여 길러서 신으로 하여금 대정에 들어 오랫동안 있게 한다. '환허(還虛)'라는 것은 기가 오랫동안 정에 들어 완전히 없어져서 신을 기를 필요가 없는 시기이다. 대체로 연기의 단계 처음부터 신이 명령을 주관하여 그 기를 안정하게 하니 신이 있음을 알 수 있기 때문에 '화신(化神)'이라고 한다. 선천기가 대정에 들면 신도 또한 대정에 들어 부리고 명령하지 않아서 마치 신이 없는 것 같으므로 '허(虛)'

라고 하니, 이는 바로 '법도 없고 부처도 없다'는 것과 같다.

當此遷上之時, 非只拘神在軀殼之上, 猶似壽同天地之愚夫者.
환허의 단계로 나아가기 이전에는 신이 몸속에 구속되어 있을 뿐만 아니라, 천지처럼 수명만 긴 어리석은 사람과 흡사하다.

在軀殼則非虛. 還虛者, 不着于軀殼. 古云 "入金石無碍者, 有軀殼則有碍." 出軀殼之神至虛, 故無碍. 愚夫者, 性不靈而無神通之謂也.
육체 안에 있으면 '허'의 상태가 되지 않으니, '허로 돌아간다'는 것은 육체에 의지하지 않는 것이다. 옛말에 "금석에 장애 없이 들어가는 것도, 형체가 있으면 장애를 받는다"라고 하였으니, 육체를 벗어난 신은 매우 허한 상태이기 때문에 장애가 없는 것이다. 어리석은 사람이란 것은 성이 신령스럽지 않아서 신통함이 없는 사람을 이르는 것이다.

須用出神之理, 調神出殼, 而爲身外之身,
그러므로 출신의 이치를 사용하여 신을 조절해 육체에서 벗어나 몸 밖의 몸이 되게 해야 하는데,

調神出殼, 是一至要之機, 有大危险之際. 初調其出而即入, 不令出久, 亦不令見聞于遠境. 調之久, 其出可漸久而後入, 亦可漸見聞乎遠鏡而後入. 不調者, 恐驟出外馳而迷失本性, 凡初出者, 必調.
'신을 조절하여 육체에서 벗어난다(調神出殼)'는 것은 하나의 매우 중요한 관문이므로 무척 위험한 때가 있다. 처음에 조절할 때는 신이 나오자마자 바로 들어가게 하여 오랫동안 나가 있지 않도록 하고, 또 먼 곳에 나가 보고 듣게 하지 않는다. 이렇게 오래도록 조절

하면 신이 나가서 점점 오래 있은 후에 들어와도 되고, 또 점점 먼 곳에 가서 보고 들은 후에 들어와도 된다. 조절을 잘하지 못하는 사람은 신이 갑자기 벗어나 밖으로 달려 나가 그 본성을 잃을 수 있을까 염려되므로 처음에 출신하는 자는 반드시 조절을 해야 한다.

依師度法出神.
이때는 스승의 도법에 의지하여 출신한다.

有當出之景及所出之理.
마땅히 출신해야 하는 상황과 출신할 바의 이치가 있다.

自上田出念於身外, 自身外收念於上田, 一出一收, 漸出漸熟, 漸哺漸足, 如是謂之乳哺. 三年而神圓, 可以千變萬化, 可以达地通天, 可以超海移山, 可以救水救旱, 济世安民, 诛邪除害, 任其所爲. 皆一神所運, 神變神化, 所以謂之神仙.
상단전으로부터 몸 밖으로 생각을 냈다가, 몸 밖에서부터 상단전으로 수렴하는데, 번갈아 한 번 생각을 내고 한 번 수렴하여, 점점 나가면 나갈수록 익숙해지고, 점점 먹이면 먹일수록 만족하게 되니, 이와 같은 것을 '유포'라고 한다. 3년이 지나 신이 원만해지면 천변만화할 수 있고 천지의 이치에 달통할 수 있으며, 바다를 건너고 산을 옮길 수 있으며, 홍수와 가뭄을 구제할 수 있고 세상을 제도하여 백성을 편안하게 할 수 있으며, 삿되고 해로운 것을 제거하는 등 하고 싶은 바대로 할 수 있다. 이것은 모두 하나의 신이 운행하는 바로써 신이 변화하는 것이니 이런 까닭으로 '신선'[88]이라고 이른다.

抱朴子云, '欲少留, 則且止而佐時; 欲昇騰, 則凌霄而輕擧.' 昔曹老師云, "修仙至于出神, 永無生死矣, 災與魔皆不相干." 初出神, 若一步而即入, 若二步而即入. 古亦云, "十步百步, 切宜照顧"是也, 如此而後, 乳哺養神至于老成, 必三年而後可. 此時若欲在世, 護國安民也可, 救水救旱也可; 擧念者, 無不是神通靈應, 便十百千萬億年劫, 如是也可. 若不欲在世如此, 即用面壁之理, 九年大定, 而後可與最上上乘仙佛齊肩矣.

『포박자』에서 말하기를, "잠시 머무르고자 할 때는 또한 그쳐서 보좌하고, 오르려 할 때에는 하늘을 건너 가볍게 오른다"라고 하였다. 옛날에 조 선생이 말하기를 "선도를 닦아 출신함에 이르면 영원히 낳거나 죽음이 없으므로, 재앙과 마귀가 모두 간섭할 수 없다"라고 하였다. 처음에 출신할 때는 한 걸음 나가면 바로 들어오고, 두 걸음 나가면 바로 들어온다. 옛말에 또 이르기를 "열 걸음, 백 걸음 나아갈 때 마땅히 돌아보아야 한다"라고 하였는데, 이를 두고 한 말이다. 이와 같이 한 후에 젖을 먹이고 신을 길러서 완전히 성숙한 단계에 이르는 데는 반드시 삼 년간의 수행을 한 이후라야 가능하다. 이때에 만약 세속에 있고자 한다면 국가를 보호하고 백성을 편안하게 할 수 있고, 홍수와 가뭄을 구제할 수 있다. 생각을 낼 줄 아는 자는 신이 통달하여 신령함이 응하지 않음이 없으므로 그 능력이 영겁도록

88) 신선: 『종려전도집』에 따르면, "신선이란 지선(地仙)이 속세에 머무는 것을 싫어해 공부를 쉬지 않고 한 자로, 수련의 관문과 마디가 서로 연결되고 납을 빼내고 홍을 첨가하여 금정이 정수리에서 단련되어 옥액환단하고, 형을 단련하여 기를 이루고서는 오기가 원에 조회하고, 삼양이 정수리에 모여, 공이 가득하여 형체를 잊어 태선이 저절로 이루어진 자이다. 음이 다 소멸하여 순수한 양이 되어 몸 밖에 몸이 있게 되니, 질을 벗어 신선으로 올라, 범인을 벗어나 성인이 된 자이다. 세속을 사양하고 이별하여 삼신산으로 되돌아가니 곧 신선이라고 한다"라고 한다.

이와 같을 수 있다. 그렇지만 만약 세속에서 이와 같이 있고자 하지 않는다면, 면벽의 이치로써 9년간 대정한 후에 최고 단계의 신선 부처와 어깨를 나란히 할 수 있다.

從仙而還虛, 則又三遷至于天仙之虛境矣.

신선의 단계에서 허의 단계로 돌아가면 또 세 번 옮겨 천선의 텅 빈 경지에 이른다.

此止無極之至極處.

이것이 바로 무극의 지극한 곳에 머문 것이다.

此皆十六歲以後至八八六十四歲, 已化精而已耗精者之修也.

이것은 모두 16세 이후로부터 64세에 이르기까지 이미 선천기가 정으로 변화하였거나 이미 그 정이 소모된 자들의 수련이다.

精旣耗, 則消折者多, 必用工補滿而後能生眞炁, 轉運河車, 点化至神, 住胎入定, 如上所說.

정이 이미 소모단계에 들어서면 없어진 것이 많으므로 반드시 수련의 법을 사용하여 가득 차도록 보충한 후에야 진기가 생겨나 하거를 돌려 운행하고, 기를 변화시켜 신에 이르고, 태를 고정시켜 입정할 수 있으니 이러한 내용은 위에서 말한 바와 같다.

又有童男未化精之修焉,

또 아직 정으로 변화되지 않은 동남의 수련법이 있는데,

從來未行淫事, 精竅未通 · 精未泄, 炁未耗者. 如『集仙傳』所云, "周從者, 泗州人也, 幼得道. 徐神翁曰, '我少而婚, 彼幼而得道, 其神全, 吾不及也.'" 又, 世尊爲太子在宮中, 娶三妃, 十年不行一淫媾, 晝夜只修禪觀者, 此皆謂之童眞. 又韋馱尊天『經』稱爲十九世童眞. 此三者皆同. 韋馱尊天經.

동남은 지금까지 아직 음사를 행하지 않아서 정의 구멍이 아직 통하지 않았고, 정이 아직 새지 않아 선천기가 소모되지 않은 자이다. 『집선전』[89]에서 언급한 "주종[90]은 사주 사람인데, 어려서 도를 얻었다. 서신옹[91]이 말하기를 '나는 어렸을 때 결혼했지만, 그는 어렸을 때 도를 얻어 그 신이 온전하니, 내가 따라갈 수가 없다'"라고 하였고, 또 세존이 태자로 궁 안에 있을 때, 세 명의 부인을 맞아들었지만, 십 년간 한 번도 잠자리를 하지 않고, 주야로 오직 선관(禪觀)을 닦았다고 하였는데, 이상의 두 가지는 모두 '동진'이라고 이른다. 또 위타를 『존천경전』에서 19대 동진[92]이라고 일컫는데, 위의 세 가지

---

89) 『집선전』: 남송시기 증조(曾慥)가 지은 책이다. 역대 신선들의 사적을 기록한 책이다.

90) 주종: 미상이다.

91) 서신옹: 『역세진선통감(歷世眞仙通鑒)』에 나오는 도사로, 해릉 사람인 서수신(徐守信)을 가리킨다. 여원길로부터 도를 전수받았다고 한다. 송나라 철종의 병을 그의 부적으로 치료하였기에 선원만수궁(仙源萬壽宮)을 지어 거처하게 하였고, 조서를 내려 호를 허정충화선생(虛靖沖和先生)이라고 하사하였다.

92) 위타를 『존천경전』에서 19대 동진: 본래는 힌두교의 신이다. 시바의 아들로 태어나 하늘 군대의 장군이 되었다. 산스크리트로는 스칸다(Skanda)이다. 이를 음역하여 새건타(塞建駝) 또는 사건타(私建陀) · 건타(建陀)라 하고, 위타(韋駝, 韋陀) · 위타장군 · 위장군이라고도 한다. 위타는 건타를 잘못 적은 것으로 보인다. 부처가 열반하였을 때 속질귀(速疾鬼)가 부처의 치아를 훔쳐 달아나자 쫓아가 되찾았다는 전설이 있을 정도로 발이 빠르다. 중국의 실존 인물인 위 장군(韋將軍)과 혼동해서 생긴 말이라고도 하고 인도에 침입한 알렉산더 대왕의 이름이 와전되었다는 설도 있다. 스칸다라는 이름에는 아버지 시바가 갠지스 강에 정액을 떨어뜨려 탄생했다는 뜻이 담겨 있다. 갠지스 강에서 목욕을 하던 여섯 요정이 각기 사내아이를 출산하였는데, 이들이 하나로 합쳐져 6개의 얼굴과 12개의 팔을 가진 스칸다가 되었다. 흔

경우는 모두 같다.

皆世所不知, 而亦欲淺說之者. 夫人自未生之前謂之胎, 旣生之後謂之童.

모두 세상 사람들이 알지 못하므로, 또 쉽게 설명하고자 한다. 대체로 사람들은 아직 태어나기 전을 '태(胎)'라고 하고, 이미 태어난 후를 '동(童)'이라고 한다.

胎出卽爲童, 順而行之易, 童返修卽是胎, 逆反修亦易. 仙道中最難得者是童體, 童體精炁完全, 不唯修之易, 其法力甚大, 有非修補精炁者之所能及.

태에서 나오면 '어린아이[童]'가 되는데, 어린아이는 순리대로 따라 살기도 쉽고, 아이에서 거슬러 닦아 올라가면 태가 되는데, 역행으로 닦는 것 또한 쉽다. 선도 가운데 가장 얻기 어려운 것이 아이의 몸인데, 아이의 몸은 정과 선천기가 완전하여서 닦기가 쉬울 뿐만 아니라, 그 법력이 매우 커서 수련으로써 정과 선천기를 보충한 자가 따라갈 수 있는 바가 아니다.

히 스칸다를 카룻티케야라는 별명으로 부르는데 이는 크릿티카, 즉 여섯 여신의 아들이라는 뜻이다.

불교에서는 신중탱화나 사찰 전각의 벽화, 경전의 목판본에 등장하여 불법을 수호하는 신이 되었다. 신중탱화에서는 동진보살(童眞菩薩)로 등장하는데 시바의 아들이라는 의미에서 동자라는 개념이 붙은 것이다. 갑옷과 투구를 쓴 채 미소를 짓고 있다. 24위나 39위 탱화에서는 중심축이 되며, 더러는 마헤수라천이나 제석천과 함께 중심을 이루기도 한다. 104위를 모신 탱화에서는 한가운데 위치한다. 가람 수호신으로도 모셔져 남방 수호신 증장천왕의 8대 장군 중 한 명으로 등장하기도 한다.

歷年至于十六歲, 炁足極矣. 炁已純陽, 精猶未漏, 是爲全體之童.
나이를 먹어 16세에 이르면 선천기가 극도로 충만해진다. 선천기가 이미 순양이 되었는데도 정이 여전히 새지 않으면 이것이 온전한 체의 아이이다.

乃其本體之自全, 而非用力修補凑合之所爲.
이것은 그 본체가 저절로 온전한 것이지 힘써 수련하여 보충하고 기운을 모으는 행위로 되는 것은 아니다.

古人云返老還童者, 還成如此不漏之全體而已.
옛사람이 말하기를 "노인에서 아이로 돌아간다는 것은 이와 같이 새지 않는 온전한 몸을 되돌려 이루는 것뿐이다"라고 하였다.

修仙者, 多是已漏之精. 若以此爲修, 必不成仙, 必有死有生而輪回者. 故用初關築基功夫. 基成, 始與此童身相等, 而法力猶有所不及.
선도를 닦는 사람들이 대부분 정을 이미 누설한 사람들이 많다. 만약 그런데 그 상태에서 수련을 한다면 반드시 신선이 되지 못하고 생사의 윤회가 있기 마련이다. 그러므로 초관의 '축기공부'를 해야 한다. 축기공부가 이루어지면 비로소 아이의 몸과 대등해지지만, 법력은 여전히 미치지 않는 바가 있다.

且童必至十六歲陽炁極而精將通. 末劫之世, 人人習爲淫欲之風, 未至十四 · 五 · 六, 則有交媾之敗, 炁不旺而精不壯, 夭而不壽者多矣.
또한 아이는 반드시 16세에 이르러야 양기가 지극해져 정이 장차 통하려 한다. 말세에는 사람마다 음욕의 풍습에 젖어서, 십사오육 세가 되기 전에 이미 성교하는 폐단이 있게 되어 기가 왕성하지 못하고 정이 성하지 못해져서 장수하지 못하고 요절하는 자가 허다하다.

此是世間愚人俗子輩, 不知所以爲修行者.
이것이 바로 세간의 어리석은 사람이나 속인들로, 수행할 줄 모르는 것이다.

若擧斯世, 設有一人,
만약 이 시대를 통틀어 어떤 사람이,

擧一世或有一人者, 極言无仙材之人也.
한 시대를 거론하면서 어떤 사람이라고 한 것은 신선이 될 재목의 사람이 없음을 극단적으로 말한 것이다.

踰十六而未漏者, 必爲愚痴, 不知淫欲之事, 不足以行道者也.
16세가 넘도록 정을 누설하지 않는 자가 있더라도 그는 반드시 어리석어서 음욕의 일을 알지 못하므로 도를 행할 수 없는 자이다.

淫欲之事, 喪精耗炁而害道. 皆仙佛之所禁戒, 以修行大道. 不知淫欲之樂者, 必不知淫欲之害. 世間亦未有不知淫事者, 况十六歲之成人而猶不知乎? 此時而不行淫, 眞爲愚痴之甚而不知.
음욕의 일은 정을 상하게 하고 기를 소모시켜 도를 얻는 데 해가 되므로 선교나 불교에서 모두 금하는 계율로 삼아 대도를 수행하는 것이다. 음욕의 즐거움을 알지 못하는 자는 반드시 음욕의 해를 알지 못한다. 세상에 또한 음사를 모르는 자가 있지 않은데, 하물며 16세의 성인이 모르겠는가? 이때에 음사를 행하지 않음은 진짜로 매우 어리석어 알지 못하는 것이다.

又或有一人, 能至十六, 炁極足而未漏, 此最易化神而成仙者也.
또 혹 어떤 사람이 16세에 이르러 기가 지극히 충만해졌는데도 아직 누설하지 않았다면, 이러한 사람이 신으로 변화하여 신선이 되기에 가장 쉬운 자이다.

陽精之炁自足者, 免得用築基 · 補精 · 補炁之功, 以固有之炁, 煉之以化神, 即成神仙而了道, 故曰易.
양정의 기가 저절로 충족한 자는 축기를 쓰거나 정을 보충하거나 기를 보충하는 공부를 하지 않고, 본래 있는 기로써 단련하여 신으로 변화시키면 곧바로 신선이 되어 도를 깨달을 수 있기 때문에 '쉽다'고 말한 것이다.

若有能得成仙者, 名曰童眞.
만약 그들 가운데 신선이 될 수 있는 자가 있다면 그를 이름하여 '동진'이라 한다.

以童子之全體而成眞.
어린아이의 온전한 몸으로써 진인이 된다.

若緣分淺薄, 不遇聖師點化,
그런데 만약 인연이 없어 성스러운 스승을 만나 점화[93]를 받지 못

하거나,

昔抱朴子曰, "按仙經云, 寶秘仙術, 雖有已在, 弟子中者尤擇其至精, 彌久而後告之以要訣, 况世人何能强以語之耶?"
옛날에 『포박자』에서 말하기를, "『仙經』을 살펴보건대, 보배로 비전된 비결인 신선술이 비록 이미 있지만 제자 가운데에 매우 지극히 정련된 자를 택하여 오랫동안 지켜본 후에야 요결을 말해 주는데, 하물며 세상 사람들에게 어찌 억지로 말해 주겠는가?"라고 하였다.

又不知自參究, 採此眞炁而煉爲神, 亦不足以行道者也.
또 스스로 참구할 줄 모르면, 이 진기를 캐내 단련하여 신으로 되었다 하더라도 도를 행할 수 없다.

前生無積修工行, 故此生不遇聖師. 今生無修仙修佛之志, 何能參究天機! 爲凡俗混世蟲耳. 故不足以行道.
전생에 수행의 공을 쌓지 않았기 때문에 이생에서 성스러운 스승을 만나지 못했다. 지금의 삶에서도 수행을 쌓아 신선이나 부처가 되려는 뜻이 없는데, 어찌 천기를 참구할 수 있으랴! 혼란스러운 속세의 벌레일 뿐이다. 그러므로 도를 행할 수 없다는 것이다.

百千萬年, 或有一人, 旣足十六陽極之炁, 又有仙師密旨,
수백천만 년에 혹 어떤 사람이 16세에 이미 지극한 양이 충족되고, 또 선사의 은밀한 가르침이 있다면,

---

93) 점화: 연단가들이 단약을 제련하는 과정에서, 약물이 반응하여 단이 이루어지는 것을 촉진하는 것을 말한다. 이후에는 도를 배우는 사람들에게 미혹함을 깨뜨리고 활연히 도를 깨치게 지도자가 가르쳐 주는 것을 말한다.

昔抱朴子曰, “按仙經云, 諸得道者, 在胎之中, 已含信道之性, 及生而有識, 心好其事, 必遭明師而得法.”
옛날에 『포박자』에 말하길, “선경을 살펴보건대, 도를 체득한 여러 사람은 태 속에서 이미 도를 믿는 본성을 가지고 있다가 태어나서 그것에 대한 앎이 있어서, 마음에 그 일을 좋아하므로 반드시 명철한 스승을 만나 법을 얻을 수 있다”고 하였다.

因其未漏之炁, 不用煉精之工, 遂以七日天機秘法,
선천기를 누설하지 않았기 때문에 정을 단련하는 공력을 쓰지 않아도 칠 일 만에 천기의 비법으로,

七日者, 煉精化炁, 築基成工之後, 採大藥之法. 童子從此起, 以後皆同于大人之法.
‘칠 일(七日)’이란 것은 연정화기와 축기의 공법이 이루어진 이후, 대약을 캐내는 법이다. 어린아이는 여기서부터 수행을 시작하고, 그 이후에는 모두 어른들의 법과 같이 한다.

採得眞炁,
진기를 캐내어 얻어서,

百日之工曰採眞炁, 乃微陽耳. 此無百日之工, 而炁自滿足. 于此採實足之眞炁, 卽所生之大藥. 採此眞炁而得, 卽得長生, 採不得此眞炁, 則不長生.
백 일 동안의 과정을 ‘진기를 캐낸다’라고 하는데, 이는 곧 미미한 양일 뿐이다. 이는 백 일 동안의 과정이 없어도 선천기가 저절로 만

족한 상태이다. 여기에서 꽉 찬 진기를 캐낸 것이니, 바로 태어날 때 가지고 있던 대약이다. 이 진기를 캐내어 얻으면 곧 장생할 수 있고, 이 진기를 캐내지 못하면 장생하지 못한다.

捧過三關九竅, 以行煉炁化神之工. 所以無煉精之工者, 正以炁未化精, 而採之即得.

세 관문과 아홉 구멍을 통과하여 연기화신의 과정을 행한다. 여기에서 연정의 과정을 하지 않는 이유는 바로 기가 정으로 변화하지 않아서, 캐내기만 하면 진기를 얻을 수 있기 때문이다.

炁未化精而泄漏, 則精炁本自滿足, 不待煉而亦可採, 採而必得. 所以世尊自修之工, 不用煉精, 只用色界四禪定爲始, 由本自滿足之炁, 獨盛旺, 勝於諸佛諸仙者, 皆以此.

기가 정으로 변화하여 누설하지 않으면 정과 기는 본래 저절로 만족하여, 단련하지 않더라도 캐낼 수 있고, 캐내면 반드시 얻는다. 세존이 스스로 수행할 때, 연정을 수행하지 않고 단지 색계에서 네 가지 선정으로 시작을 삼았는데, 본래 저절로 만족한 기로 말미암아 홀로 왕성하여 여러 부처와 신선들을 능가하였으니, 모두 이 때문이다.

故炁未化精者, 修之有四易; 易於時, 易於工, 易於財, 易於侶也. 易於時者, 不用百日之工,

그러므로 기가 정으로 변화하지 않았을 경우에는 수행할 때 네 가지 손쉬운 점이 있다. 수행 기간에서 손쉬운 점이 있고, 수행 과정에서 손쉬운 점이 있으며, 수행 비용에서 손쉬운 점이 있으며, 수행을 지도하기가 손쉽다는 점이다. 수행 기간에서 손쉬운 점이란 백 일 동안의 연정화기의 공법이 필요하지 않다는 점이니,

百日工者, 煉精以化炁之工也. 炁旣化精, 而順行泄漏者, 必用煉精還而爲炁, 旣未化精, 則無用還炁之百日.

백 일 동안의 과정이란 정을 단련하여 기로 변화하는 과정이다. 기가 이미 정으로 변화하여 순행하여 누설한 경우는 반드시 연정화기의 과정을 써서 되돌려 선천기로 만들어야 하지만, 아직 정으로 변화하지 않았다면 선천기로 되돌리는 백 일간의 과정이 필요하지 않다.

從七日而十月, 三年,

칠 일간의 수행으로부터, 십 개월 동안의 수행, 삼 년간의 수행에 이르기까지,

七日者, 採大藥眞炁之期也, 十月者, 行大周天火之期也, 三年者, 出神而後乳哺陽神之期也. 此止言成神仙之期, 未說天仙也.

'칠 일간의 수행'이란 대약인 진기를 캐내는 기간이고, '십 개월 동안의 수행'이란 대주천의 화후를 행하는 기간이며, '삼 년간의 수행'이란 출신 이후에 양신을 젖 먹여 기르는 기간이다. 여기서는 단지 신선이 되는 기간만 말하였고, 아직 천선을 말하지 않았다.

可計之程也. 易於工者, 不用小周天採補熏蒸,

그 과정을 계산할 수 있어서이다. 수행 과정에서 손쉬운 점이란 캐서 보충하고 훈훈하게 불을 때는 소주천을 행할 필요가 없이,

此即說不用百日之工.

이것은 바로 백 일간의 과정이 필요하지 않다는 말이다.

從採大藥服食,

대약을 캐내어 복식하는 것으로부터,

即七日之工.

바로 칠 일간의 과정이다.

而胎神,

신을 포태하고,

即十月之工.

바로 십 개월 동안의 과정이다.

乳哺,

어린아이를 젖먹이는 일에 이르기까지,

即三年之工.

바로 삼 년간의 과정이다.

可必之果也.

그 결과를 기필할 수 있기 때문이다.

程可計, 果可必者, 言此逐節工夫, 自粗而精, 自漸而頓, 可必其必至者, 如所謂果生枝上, 終期熟之說也.

과정을 계산할 수 있다거나 결과를 기필할 수 있다는 것은 이 절차를 따르는 공부가, 거친 것에서 정밀한 것으로 나가고 점진적인 것에서 단박에 깨치는 데 이르기까지, 반드시 그렇게 되리라는 것을 기약할 수 있는 것이니, 예를 들면 이른바 과실나무 가지에 과일이 달렸다면 결국에는 익기를 기약한다는 말과 같은 것이다.

易於財者, 自七日而十月 · 三年, 可數之費也.

수행 비용에서 손쉬운 점이란 칠 일간의 수행으로부터, 십 개월 동안의 수행, 삼 년간의 수행에 이르기까지 드는 비용을 셈할 수 있기 때문이다.

養胎者一人, 護法者, 二人或三人, 計每人一日費銀二分. 三人則六分, 四人則八, 最易數.

태를 기르는 단계의 한 사람에게 그를 도와 법을 지켜 내는 자는 두 사람이나 세 사람이 필요한데, 한 사람당 하루에 드는 비용은 은 두 푼이다. 세 사람일 경우는 여섯 푼이 들고, 네 사람일 경우는 여덟 푼이 드는데, 가장 쉽게 계산할 수 있다.

易於侶者,

수행을 지도하기가 손쉽다는 점은,

護法之伴侶也, 即二人 · 三人輩.

법을 지켜 주는 이가 반려이다. 곧 두 사람이나 세 사람의 무리이다.

因童眞之神淸而明,

동진의 신이 맑고 밝으며,

淸明者, 情欲之竇未開, 聲色樂佚之念未啓.

맑고 밝다는 것은 정욕의 길이 아직 열리지 않았고, 성색을 즐기고 방종한 생각이 아직 계발되지 않았다는 것이다.

炁完而足,

선천기는 완전하고 충만하므로,

筋骨堅强不衰敗, 無昏惰之氣.

근골이 강건해 쇠퇴하지 않아, 혼미하고 나태한 기가 없다는 말이다.

用其護力, 而扶持顚危昏眊者少也.

뒤집어져 위태로워지거나 혼매해지는 것을 막아 주는 호법자의 힘이 적게 든다는 것이다.

純陽眞人曰, "免顚危, 要人叫."

순양진인이 말하기를, "뒤집어져 위태롭게 되는 것을 벗어나려면 사람이 환기해 주는 것이 필요하다"고 하였다.

斯謂之四易. 其炁已敗於化精者,

이것들을 일러 네 가지 손쉬운 것이라고 한다. 그 선천기가 이미 소모되어 정으로 변화한 자는,

此又詳言十六歲以後壯年·老年敗精者之修.

여기에서는 또 16세 이후의 장년과 노년 중에 정을 망가뜨린 사람들의 수련에 대해 상세하게 말하였다.

則必用煉精之工, 故有四難. 難亦時 · 工 · 財 · 侶也. 難於時者, 精已虛耗, 無大藥之生, 必採練精以補精, 返炁而補炁. 則眞炁大藥始有所生. 多百日之關, 如有年之愈, 老則不能以百日而返足炁, 亦不能以百日而止工也.

반드시 연정의 과정을 써야 하기 때문에 네 가지 어려운 점이 있다. 어려운 점 역시 수행에 시간적인 어려움이 있는 점이고, 수행 과정의 어려운 점이며, 수행 비용의 어려운 점이고, 수행 지도의 어려운 점이다. 수행에 시간적인 어려움이 있다는 것은 다음과 같다. 정이 이미 텅 빌 정도로 소모되면 대약이 생성될 수 없으므로, 반드시 연정을 캐내어 정을 보충해야 하고, 선천기로 되돌려 선천기를 보충해야만 한다. 그러면 진기 대약이 비로소 생겨난다. 백 일 동안의 관문이 늘어나니, 예를 들면 나이가 들어 늙어갈수록 백 일 동안의 수행으로서 선천기를 되돌려 선천기를 충족하게 할 수 없고, 백 일 동안의 수행으로서 과정을 마칠 수 없게 된다.

或二百日, 或三百日, 未可知.

혹 이백 일이 걸리기도 하고 혹 삼백 일이 걸리기도 하여 그 기간을 알 수 없다.

難於工者, 工曰百日, 有期內 · 期外之不同.

수행 과정에서 어려움이란 과정을 백 일이라고 할 경우에는, 기한 내에 이루어지는 경우와 기한을 넘어서는 경우로 같지 않음이 있다.

期內者, 五六十日而得氣足者, 如曹老師五十日得是也, 有七八十日得氣足者, 如我以兩月半而足炁. 然其初尙有一月調習. 期外者,過百日之外, 炁始足.

'기한 내에 이루어진다(期內)'는 것은 오육십 일 만에 기가 충족된 사람으로, 조 선생처럼 오십 일 만에 기가 충족된 것이 그 경우이고, 칠팔십 일에 기가 충족되는 경우도 있는데, 나처럼 두 달 반 만에 기가 충족된 것이 이 경우이다. 그러나 처음에는 오히려 한 달 동안 고르게 익혀야 한다. '기한을 넘기는 것(期外)'이란 백 일을 지나야 기가 비로소 충족되는 경우이다.

是以年以漸老, 則用工漸多. 如神已昏眊, 必先養其淸明, 精炁已耗竭, 必先養其充實, 豈朝夕之力而能然哉?

이러한 이유로 나이가 점차로 늙어 감에 따라 수련의 공부도 점차 많이 써야 한다. 신이 이미 어둡고 흐려졌으면 반드시 먼저 맑고 밝음을 함양하여야 하고, 정과 기가 이미 소모되어 고갈되면 반드시 먼저 충실하게 길러야 하니, 이것이 어찌 짧은 시간에 힘써서 그렇게 되겠는가.

昔鐘離眞人『道要』云, "晩年奉道, 根源不固, 自覺虛損, 而炁不足. 十年之損, 止用一年工補之, 名曰採補還丹. 補之數足, 日漸以增, 名曰水火旣濟, 曰人仙是也."

옛날에 종리권 진인이 저술한 『도요』[94]에서 말하길, "만년에 도를 닦으니, 근원이 굳건하지 않았다. 손실되어 기가 충족하지 않음을 스스로 깨달았다. 십 년 동안의 손실을 단지 일 년간의 수련으로 보충하니, 이를 이름하여 '채보환단'[95]이라고 한다. 보충하는 시기가

94) 『도요』: 미상이다.

충족되면 날로 증가하니 이를 '수화기제'[96]라고 하고, '인선'이라고 한다"라고 하였다.

古人敎人得之者早修, 莫待老來鉛汞少者,

옛사람이 늙어서 연홍이 적어지기 전에 사람으로 하여금 일찍 수행하게 한 것은,

鉛少者, 元陽眞精眞炁之耗竭, 遂致有精乾者, 有陰痿者, 有氣喘者, 有腰脊痛折者, 有筋拘而膝不屈坐者, 或坐不能久聳直立者, 皆是. 汞少者, 元神本性之昏沉, 或採取不能張主而精專, 或烹煉不能進退而終始. 皆迷惑錯誤者多, 而成眞火全候者少. 如此何以能百日而止工.

'연이 적다(鉛少)'는 것은 원양과 진정과 진기가 고갈되어 마침내 정이 말라 버린 자도 있고, 성교가 불가능한 자도 있으며, 숨을 헐떡거리는 자도 있고, 허리 척추가 끊어질듯 아픈 자도 있고, 근육이 땅겨서 무릎을 구부려 앉지 못하는 자도 있고, 간혹 앉을 때 오래도록 척추를 곧추세우지 못한 자도 있는데, 모두 이 경우이다. '홍이 적다(汞少)'는 것은 원신과 본성이 혼침하기 때문에, 혹 채취하더라도 본성과 정신이 주장하여 정밀하고 전일하게 할 수 없고, 혹 팽련을 하더라도 진퇴하여 처음과 끝을 맺을 수 없다. 이 두 가지가 적을 경우는 모두 미혹되거나 잘못 알고 있는 자들이 많아서, 참된 화후를

95) 채보환단: 채보법이라고도 한다. 여기서는 음을 캐내어 양을 보충하는 방중술을 의미하지 않는다. 해와 달의 정화를 채취하는 수련법이다.

96) 수화기제: 역의 괘명이다. 연단가들은 수와 화가 서로 사귀어 일이 이루어진 상태를 기제라고 하였다. 『중화집』에서는 수승화강을 기제라고 하였는데, 이를 음양이 이미 고루된 상태를 말한다. 수는 화를 얻어 차갑지 않게 되고, 화는 수를 얻어 급박하게 타지 않는 것을 말한다.

온전히 아는 자가 적게 된다. 이와 같다면 어떻게 백 일 동안에 행공을 마칠 수 있겠는가?

皆爲此也.

모두 이러한 이유 때문이다.

鉛汞旣少之時, 而奮志清修, 猶可望成丹而證道. 有准經云, "八十尚還丹." 又曰, "百二十歲猶可還." 若不决烈精進, 則墮有死之類而已. 故戒之曰, 莫待老. 昔馬自然曰, "此身不向今生度, 更向何生度此身?"

그러나 연(鉛)과 홍(汞)이 이미 적어졌을 때에 분발하여 정밀하게 수련한다면, 오히려 단을 이루기를 바랄 수 있고, 도를 증험할 수 있다. 『유준경』[97]에 "나이 팔십에 도리어 환단하였다"하고, 또 "백이십 세에도 환단할 수 있다"고 하였다. 그런데 만약 맹렬하게 정진하지 않으면 죽음의 무리에 빠질 뿐이다. 그러므로 경계하여 말하기를 "늙기를 기다리지 말라"고 한 것이다. 옛날에 마자연[98]이 말하기를 "이 몸을 금생에 구제하지 않는다면 다시 어느 생에 이 몸을 구제할 것인가?"라고 하였다.

難於財者, 以行道之期久.

수행 비용에 어려운 점이란 도를 수행하는 기간이 오래 걸려,

---

97) 유준경: 미상이다.

98) 마자연: 마상(馬湘, ?~856)을 말한다. 당나라 시기의 인물로, 자는 自然이다. 어려서부터 홀로 경사와 문학을 연구하였다. 벼슬은 현리에 올랐다. 길에서 도사를 만나 그를 따라 강남 등을 두루 돌면서, 연단술을 익혔다. '연단가결(煉丹歌訣)'이 세상에 전해졌다.

或百日，或二百 · 三百日.

혹 백 일이 걸리기도 하고, 이백 일이 걸리기도 하며, 삼백 일이 걸리기도 한다.

日費之積多,

나날이 비용이 많이 들어서,

百日祇費百日之勞，或至二百日則多矣.

백 일간에는 다만 백 일의 비용만 써야 하는데, 혹 이백 일에 이르면 그 비용이 많아진다.

不可以數限也.

수량으로 제한할 수 없다.

不可以限以百日之費，而爲二百日，三百日之給.

백 일간의 비용으로 이백 일, 삼백 일 동안 비용을 댈 수 없다는 것이다.

難於侶者，用工日多則給使令之久，扶顚危之專，遂致護道未終，或以日久工遲，而疑生厭心,

수행 지도의 어려움이란 수련의 날이 많아지면 지도하는 데 오래 걸리고, 뒤집어져 위험한 일을 돕는 데만 전념하게 되어, 도를 지키는 데 끝마침을 기약할 수 없는 데까지 이르기도 하며, 시일은 오래 걸리고 수행이 더뎌져 의혹이 생겨나 싫어하는 마음이 들기도 하며,

有疑其工不知成否, 有疑不知何日成工.
수행의 승패에 대한 의심이 생기고, 어느 세월에나 수행이 이루어질까 하는 의심이 생겨난다.

或以身魔家難,
간혹 몸에 마가 생기거나 집안에 어려움이 있어서,

身魔者, 護法之身有病魔或有灾異, 家難者, 護法人父母妻子有大變故等事.
'몸에 마가 생긴다(身魔)'는 것은 지도하는 사람의 몸에 병마가 있거나 재앙이 있는 것이고, '집안에 어려움이 있다(家難)'는 것은 지도하는 사람의 부모나 처자에게 큰 변고가 있는 등등의 일이다.

而變輕道念,
도에 대한 신념이 바뀌기도 하는데,

因有魔難, 遂變易護道之念.
마와 어려움으로 인해 도를 지키려는 생각이 쉽게 변하게 된다.

此往往有之者矣.
이러한 일들이 왕왕 있어 왔다.

抱朴子昔云, "爲道者, 病於方成而志不遂."
『포박자』에서 옛날에 말하기를, "도를 행하는 자에게서 병통은 바야흐로 도가 이루어지려는 때에, 뜻이 따르지 못한 데 있다"고 하였다.

又觀古人所謂, "同志三人護相守." 又曰, "擇侶, 擇財, 求福地."

또 옛사람들이 말한 바를 살펴보건대, "뜻을 같이하는 세 사람이 서로 지키며 보호한다"고 하고, 또 "수행의 동료를 가리고, 재물을 가리며, 복지를 구한다"고 하였다.

老君言, 諸小小山者, 皆不可于其中作金液神丹, 皆無正神爲主, 多是木石之精, 千歲老物, 血食之鬼, 此皆邪氣, 不令人作福, 但能作禍. 福地者, 抱朴子曰, "按仙經云, 可修行居者有華山 · 泰山 · 霍山 · 恒山 · 嵩山 · 少室山 · 長山 · 太白山 · 終南山 · 女兒山 · 地肺山 · 王屋山 · 抱犢山 · 安丘山 · 潜山 · 青城山 · 峨嵋山 · 綏山 · 云台山 · 羅浮山 · 陽駕山 · 黃金山 · 鼈祖山 · 大小天台山 · 四望山 · 蓋竹山 · 括蒼山, 皆正神在其中. 若有道者登居之, 則山神助福."

노군이 말하기를, 작디작은 여러 산들은 모두 그 속에서 금액신단을 지을 수 없으니, 모두 바른 신을 주인으로 삼을 수 없기 때문이다. 대부분 목석의 정이거나, 천 년이나 된 늙은 물건들이거나, 피를 먹는 귀신으로서, 이것들은 모두 삿된 기로 사람으로 하여금 복을 짓지 못하게 하고, 화만 짓게 한다.

복지란 다음과 같다. 『포박자』에 말하기를 "선경에 이르기를, 수행하는 사람이 살 만한 곳은 화산, 태산, 곽산, 항산, 숭산, 소실산, 장산, 태백산, 종남산, 여얼산, 지자산, 왕옥산, 포독산, 안구산, 잠산, 청성산, 아미산, 수산, 운대산, 나부산, 양가산, 황금산, 귀조산, 대천태산, 소천태산, 사망산, 개죽산, 괄창산인데, 이들 모두는 바른 신이 그 가운데 있다. 만약 도가 있는 사람이 올라가 거처하면 산신이 그를 도와 복을 준다"고 하였다.

而福地者, 不過不逢兵戈之亂, 不爲豪强之侵, 不近往來之衝,

복지란 것은 전쟁의 난리를 만나지 않으며, 도적의 침략을 당하지 않으며 왕래하는 요충지와 가깝지 않으며,

昔抱朴子曰, "按仙經云, 得道者與世人異路而行, 異處而止. 言不與交, 身不與雜." 『太上胎息氣經』云, "凡修行, 切勿令人知. 人知名至, 則禍來不安."

옛날에 『포박자』에서 말하길, "선경에서 말하는 것을 살펴보면, 도를 얻은 자들은 세상 사람들과 다른 길로 다니며, 다른 곳에 처하여 머문다. 말로 세상 사람들과 더불어 사귀지 않고, 몸으로 세상 사람들과 섞이지 않는다"고 하였다. 『태상태식기경』에서는 "대개 수행할 때, 일체 다른 사람으로 하여금 알지 못하게 해야 하는데, 다른 사람이 이름을 듣고 찾아오게 되면 화가 이르러 안정되지 못한다"고 하였다.

不至盜賊之擾.

도적의 난리가 이르지 않은 곳이다.

房舍華麗 · 衣服鮮美 · 飮食豊盛 · 財物盈余 · 庫藏充滿 · 家俱器用奇巧, 皆招盜賊之由.

거처하는 방이나 집이 화려하고 의복이 깨끗하고 좋으며, 음식이 풍부하고, 재물이 가득하고, 창고가 가득 차며, 가구와 기물이 진기하면, 이 모두 다 도적을 불러들이는 이유가 된다.

略近城市, 易爲飮食之需,

대체로 성시와 조금 가까우면 쉽게 필요한 음식을 구할 수 있고,

城市太遠, 買辦奔走煩難, 恐護法要人多方有待者.
성시가 지나치게 멀면 음식을 구하느라 분주하고도 어려우므로, 아마도 지도하는 사람이 많아야만 옆에서 도와줄 수 있다.

必遠樹林, 絶其鳥風之聒.
반드시 수풀을 멀리해야 시끄러운 새들 소리와 바람 소리를 없앨 수 있다.

昔許由以瓢挂于樹, 風擊之鳴, 由則棄瓢. 亦其一驗案也.
옛날에 허유[99]가 표주박을 나무에 걸어 놓았는데 바람에 부딪혀 소리가 나니, 허유가 표주박을 버렸다. 이것이 또한 하나의 증험이 되는 일이다.

屋不踰丈,
처마의 높이는 어른 키를 넘지 않게 하고,

丈室不容衆, 僅足三五人居爲修行所. 若大, 恐盜賊可据爲穴, 故曰僅取蔽隔風雨爲止.
어른 키만 한 방은 많은 사람을 받아들일 수 없으니, 겨우 세 사람, 다섯 사람만이 거처하여 수행할 수 있는 장소이다. 만약 이보다 클 경우는 도적들이 자신들의 소굴로 삼을까 두렵기 때문에 겨우 비바람만 가리게 하고 만다.

---

99) 허유: 상고시대의 은자이다. 자는 무중(武仲)이다. 요임금이 천하를 그에게 맡기려고 하자 기산에 은둔하였다고 한다.

墻必重垣,

담장은 반드시 두 겹으로 하며,

內外完固, 遮護惡蟲, 惡獸之患, 爲得其宜也.

안팎의 담장이 완고해야만 악충이나 금수의 걱정을 물리치기에 적합하기 때문이다.

明暗適宜,

밝고 어두움이 적절하게 하며,

可令人護關者, 得以舒暢, 不生疾病.

관문을 호위하는 사람들로 하여금 편안하게 하여 질병이 생기지 않도록 해야 한다.

牀坐厚褥,

침상에는 두꺼운 요를 깐다.

褥厚者, 和軟而坐不生厭.

두꺼운 요를 까는 것은 따뜻하고 부드러워서 앉아 수련할 때 염증이 생기지 않게 하려는 것이다.

加以潔精芽茶, 淡飯,

그리고 정갈하고 맑은 차와 담백한 밥을 먹게 하고,

禁戒甘旨葷腥, 專持素食. 宜遵『四十九章經』元始天尊法旨所云"齋戒者, 道之根本, 法之津梁. 子欲學道, 淸齋專戒. 衆生舍淸淨, 耽輩顫而以触法, 譬之餓鬼饕食死尸."

달고 기름지고 맵고 비린 음식을 금하고, 오로지 담백한 음식만으로 유지해야 한다. 마땅히 『사십구장경』의 원시천존법지에서 말한 내용을 따라야 하는데 그 내용은 다음과 같다. "재계하는 것은 도의 근본이요 법의 다리이다. 그대가 도를 배우려고 한다면 깨끗이 재계하여 계율을 온전히 지켜야 한다. 중생이 청정을 버리고 기름지고 비린 음식을 탐하여 법을 어기는 것은 아귀가 죽은 시체를 즐겨 먹는 것과 같다."

五味隨時,

다섯 가지 맛의 음식을 수시로 먹어,

五味者, 鹹酸甘淡油鹽醬醋之屬. 隨時者, 安其所遇, 隨有隨無, 不煩於搜索.

다섯 가지 맛이란 짜고, 시고, 달고, 담담한 것과 기름, 소금, 간장, 식초 등속이다. 수시로 먹는다는 것은 상황에 따라 받아들여 있으면 있는 대로 없으면 없는 대로 먹고, 번거롭게 찾지 않는다는 것이다.

調養口腹,

몸(口腹)을 고르게 함양하고,

飮食不宜過中, 有過則有傷害.

음식이 적절함을 넘어서선 안 되는데, 지나치면 해침이 있게 된다.

安静氣體,

기와 몸을 고르게 하고 안정시켜야 하는데,

安居丈室，而行住坐卧，不爲世務塵勞. 凡眞實修行者，静定其心，先静定其身.

야트막한 방에서 편안하게 거처하면서 움직이거나 멈추거나 앉거나 눕거나 간에 세상일에 때가 묻거나 피로하지 않게 한다. 대개 참되게 수행하는 자는 그 마음을 고요하게 안정하되 먼저 그 몸부터 고요히 안정해야 한다.

亦易易事耳. 然亦古人之長慮也.

이는 또한 매우 쉬운 일이다. 그러나 옛사람들은 이를 심각하게 생각하였다.

古人每有入室之事遺囑，我今亦詳說入室事宜，修士當預爲計劃，免有違缺.

옛사람들은 매번 수련하러 입실할 때 일을 부탁했는데, 나 역시 지금 또 수련하러 입실할 때 마땅히 해야 할 일을 자세히 말하였으니, 수련하는 사람은 미리 계획하여 어긋나거나 부족한 점을 면해야 할 것이다.

又有極口稱爲財不難兮侶却難者，是何也?

또 재물을 구하는 것은 어렵지 않고 도반을 구하기가 어렵다고 입이 닳도록 말하였는데, 이는 무엇 때문인가?

求財助道者，或以自己家資變易而得，或以外護出財助道而得，何難?

재력을 구하여 도를 돕는 것은 자기 집안의 재물로 바꾸어서 얻을 수도 있고, 외부에서 재물을 내어 주어 도 닦는 사람을 도와줄 수도 있으니, 무엇이 어렵겠는가?

盖爲學道, 本皆智士, 而每人品不同, 或以德勝而行道之心不專; 或以志欲爲仙而德不足; 或以始雖勤而終則怠;
대체로 신선의 도를 배우는 자들은 본래 모두 지혜로운 선비이지만, 인품이 같지 않아서 덕이 뛰어나도 도를 행하는 마음이 전일하지 않기도 하고, 신선이 되는 데 뜻을 두었으나 덕이 부족하기도 하고, 처음에는 부지런히 수행하다가 끝에서 나태하기도 한다.

『玉皇經』懺文云, "求道未勤, 豈能成道?"
『옥황경』[100]의 참문에 말하기를, "도를 부지런히 구하지 않는데, 어찌 도를 이룰 수 있겠는가?"라고 하였다.

或喜于談笑而問道若勤, 其力行實悟全无有;
선도에 대해 담소하기를 좋아하여 부지런히 도를 묻는 것 같지만, 힘써 행함도 없고 실질적인 깨달음도 전혀 없다.

天尊言, "知吾道者復不能行, 行吾道者復不能久, 難至了道."
천존이 말하기를, "나의 도를 알아도 행하지 않고, 나의 도를 행하더라도 오래 지속하지 않으면, 도의 경지에 이르기 어렵다"고 하였다.

或初一遇, 待師家以杯茶, 便問如何成黃芽.
또 처음 한 번 만났을 때, 스승에게 차를 대접하면서 곧바로 어떻게

---

100) 『옥황경』: 『상고옥황본행집경』을 말한다. 도사들이 재초기양과 도문공과를 올릴 때 반드시 이 경문을 외운다. 저자와 저술 연대는 알 수 없다.

하면 황아를 이루는지 묻는 자가 있다.

黃芽若敎如此易聞易得, 遍天地田土中, 盡長黃芽, 勝于稻芽·麥芽.
황아가 만약 이처럼 쉽게 들어서 얻을 수 있다면, 천지의 모든 논밭 가운데, 모두 황아를 키우면, 벼 싹이나 보리 싹보다 나을 것이다.

飮師家以杯酒, 便問如何到了手.
또 스승에게 술을 대접하면서 곧바로 어떻게 해야 신선의 일을 마치는지 묻는 자도 있다.

若敎了手, 以杯酒可換, 而得知了, 各酒店中, 人人皆是了手神仙.
故抱朴子云, "世間淺近之事, 猶不可坐待而知, 況神仙大事乎?"
만약 신선이 되는 방법을 술을 대접해서 알 수 있다면, 각 주점의 사람마다 신선이 되었을 것이다. 그러므로 『포박자』에서 말하기를, "세상에 천근한 일도 오히려 마주 하고 앉아서 알아낼 수 없거늘, 하물며 신선이 되는 큰일이야 말할 것이 있겠는가?"라고 하였다.

輕視如俚言之笑譚, 即持譚笑之聞認爲得理,
속된 말을 담소하는 것처럼 가볍게 여기다가 담소에서 들은 내용을 가지고 이치를 깨달았다고 여기는 자도 있다.

鍾離眞人度純陽時, 純陽正爲九江府德化縣令, 棄官而隨鍾離, 尚有一詞云; "上告師尊, 弟子相隨七八年, 肩頭壓得皮開綻. 足下生瘡五七番, 幷未蒙師一句言." 此詞在物外淸音書中久矣. 旣能棄官, 便見有盖世至行, 猶執弟子之禮多年, 而後得聞道·成道.

未有初遇便傳 · 便聞之理, 如父教子之栽稻鋤麥者乎. 劉海蟾爲燕國宰相時, 鍾 · 呂二眞人造府而度, 劉棄相而隨, 六十四歲也. 至六十九歲而聞道, 而後得成, 抑豈有輕易得傳者乎? 世有光棍一見便傳者, 別有一故. 爲方士者詐設之假言及治一病之小功, 而欲謀一日之飮食者, 欲纏綿取年月間之供給者, 欲狂取長久之衣食者. 非若此易言以速投其所好, 遂其遇見, 何以得心腹相投哉? 而謂天仙 · 神仙大道亦可如是聞問爲哉?

종리권 진인이 순양진인(여동빈)을 제도할 때, 순양은 구강부 덕화현의 현령이었다. 그가 벼슬을 버리고 종리권 진인을 따라다녔는데, 그가 한마디 말하기를 "스승에게 고합니다. 제자가 수행한 지 7, 8년 동안에, 어깨와 머리는 짓눌리고, 살가죽이 터졌으며, 발바닥 아래에는 5, 7번이나 상처가 났지만, 스승에게 한 구절 말씀도 듣지 못하였습니다"라고 하였는데, 이 말이 오래전부터 『물외청음서』[101]에 기록되어 있다. 이미 관직을 버릴 수 있었으니, 세상에 으뜸가는 지극한 행동이 있음을 알 수 있다. 그런데도 제자의 예를 갖춘 지 오래된 이후에야 도를 듣고, 도를 이룰 수 있었다.

아버지가 아들에게 벼 심고 보리 매는 것을 가르치는 것처럼, 처음 만나자마자 도를 전수하고 도를 듣는 이치는 없다. 유해섬[102]이 연

101) 『물외청음서』: 미상이다.

102) 유해섬: 오대시기의 도사이다. 본래 이름은 조(操)이고 자는 종성(宗成)이다. 도교에 입도한 이후 이름을 철(哲)로, 자를 현영(玄英)으로 바꾸었다. 자를 소원(昭遠), 호를 해섬자(海蟾子)라고 하기도 한다. 그의 출신지에 대한 설은 여러 가지이다. 발해인이라 하기도 하고 요동 사람이라고도 하며, 하북성 사람이라고도 한다. 평소에 황로학을 좋아하였다. 연나라 주군 유수광을 섬겨 승상을 지내기도 하였다. 여동빈이 전수한 청정무위양성수명(清淨無爲養性修命)의 법과 금액환단의 여러 도법을 만난 이후 관직을 버리고 화산에 은거하여 수도하고, 이후에 종남산으로 옮겨 수도하였다. 저서로는 『환금편(還金篇)』, 『환단파미가(還丹破迷歌)』, 『황제음부경집해(皇帝

나라 재상으로 있을 때, 종리권과 여동빈 두 진인이 재상부에 찾아가 제도하자, 유해섬이 재상 자리를 버리고 따르니 그때의 나이가 64세였다. 69세가 되어 도를 듣고 나서 이후에 이루었으니, 어찌 쉽게 전하는 것을 얻을 수 있겠는가. 세상에는 떠돌이 사기꾼(光棍)처럼 한 번 보고서 바로 전하는 자가 있는데, 이것은 달리 하나의 이유가 있다. 그것은 방술사들을 위해서 가언이나 한 가지 병을 치료하는 작은 기술을 만들었기 때문인데, 하루의 음식을 마련하려는 방술사와 옷을 몇 년 몇 달간 공급하는 것을 구하는 방술사와 오랫동안 의식주를 해결하려는 방술사들이다. 광곤이 이처럼 쉽게 말하고 방술사들이 좋아하는 바를 빨리 말해 주어서 그 어리석은 견해를 세워주지 않는다면 어떻게 그들의 마음을 얻어서 의기투합할 수 있겠는가. 그런데 천선, 신선, 대도를 또한 이처럼 쉽게 듣고 물을 수 있는 것인가.

或以好勝務奇, 而欲聞獨異于己, 稱獨勝於人, 徒務知道, 而不行道.
혹은 기이한 것에 힘써서 남을 이기기 좋아하여 홀로 자신만이 독특하다는 말을 듣고자 하고, 다른 사람보다 뛰어나다는 말을 듣고자 하여 도만을 알려고 하고 도를 행하지 않는다.

此一等人, 欲自夸得秘聞秘法, 勝于人者.
이러한 사람은 비문과 비법을 얻어 남을 이기려고 자랑하려는 자이다.

陰符經集解)』 등이 있다. 도교 전진도 북오조 중의 한 사람이 되었다.

或有徒務博聞, 而唯自夸爲能士; 如遇一賓友曰能這件, 則亦曰這我也能; 遇一賓友曰能那件, 則亦曰我也能. 不論邪正是非, 一概俱聞, 實无學道 · 行道之志.

혹은 널리 듣기에 힘써서 스스로 자랑하는 것을 능한 선비로 여긴다. 어떤 친구가 이 일에 능하다고 하면 또한 이것은 내가 잘하는 일이라고 하고, 한 친구를 만나 친구가 저 일을 잘한다고 하면 또한 나도 잘한다고 하면서, 삿됨과 바름, 옳고 그름을 논하지 않은 채, 대체로 듣는 것만 힘쓰지 실지로는 도를 배울 마음도 도를 행할 뜻도 없는 것이다.

此一等人, 浮慕稱博, 絶非專學. 任旁門邪說, 不黜之爲非, 雖正理眞言, 亦不求徹悟, 所以不能學道者. 高明眞師當愼言于此人.

이러한 사람은 부질없이 널리 안다는 말을 듣고 싶어서 전혀 학문에 전념하지 않고, 방문사설을 내버려 두고 그릇됨을 물리치지 않으며, 비록 바른 이치와 참된 말이라도 철저하게 깨닫지 않으니, 이것이 도를 배울 수 없는 자이다. 고명한 참된 스승은 마땅히 이러한 사람들에게 말을 삼간다.

又或有狡詐言醫士學談道, 而涉獵却病旁小坐功. 遇富貴者用藥无功, 又恐他人奪其主顧, 故傳以坐功而却病, 爲鉤連擒拿之法耳, 何有於學道之心?

혹은 교묘하게 의사인 양 속이고 도에 관한 몇 가지 말만 배워서 병을 물리치는 조그만 양생방법을 섭렵한 사람도 있다. 그가 부귀한 사람을 만났을 때 약을 써도 효과가 없다고 말하고 또 다른 사람에게 주된 고객을 빼앗길까 봐 염려하였기 때문에 좌공으로 병을 물리치는 것을 전하여 사람을 낚아 붙잡는 방법으로 삼고 있으니 어떻게 도를 배울 마음이 있겠는가?

此一等人, 我遇之甚多, 所見皆是如此.
이러한 사람은 내가 매우 많이 만났는데 그 하는 짓이 모두 이와 같았다.

或本志不眞學道, 但借學道爲芳名, 而陰行不道之事.
혹은 본뜻은 정말로 도를 배우려는 것이 아닌데 다만 도를 배운다는 것을 빌려 미명으로 삼아 놓고 속으로는 도에 어긋난 짓을 하기도 한다.

不道者, 悖道之事也. 凡有口稱學仙道, 求長生不死, 遂徧有人曰, 我能仙道, 長生不死. 愚人遂信之. 及談之, 乃說用女人做彼家. 不知其心實爲欺騙人家女子, 行好淫之計耳. 又有口稱能煉丹眼食不死, 能点金銀如山嶽之多, 哄騙愚人. 出本燒煉, 遂拐其本銀而逃者. 皆不道也.
'부도(不道)'라는 것은 도에 어긋난 일이다. 이런 사람들 대부분은 선도를 배워 장생불사를 구하였다고 자칭하면서 주변의 사람들에게 말하기를 '나는 선도에 능통하여 장생불사할 수 있다'라고 한다. 어리석은 사람들이 그 말을 믿고 얘기를 하게 되면 여인을 이웃집으로 삼아 달라고 말하는데, 어리석은 사람들은 그 사람의 속셈이 그 여자를 속여 간음할 계획임을 모른다. 또 이런 사람들은 연단 복식하여 죽지 않을 수 있으며 연단술로 금은을 산악처럼 많이 만들어 낼 수 있다고 어리석은 사람을 속여 연단할 돈을 내라고 하고, 그 돈을 가지고 도망간다. 이것이 모두 도에 어긋난 일이다.

或以口稱學道 · 知道 · 行道者, 而心實不學 · 不知 · 不行者.

혹은 입으로만 '도를 배운다', '도를 안다', '도를 행한다'고 하면서 마음으로는 전혀 배우는 것도 아니고 아는 것도 아니고 행하는 것도 아닌 자가 있다.

此不見張紫陽眞人所謂 "今生若不學修眞, 未必來生甚胎裏." 馬自然眞人云, "此身不向今生度, 更向何生度此身?" 此等人當以二眞人之言自醒.

이들은 장자양 진인이 이른바, "만약 금생에 선도를 공부하지 않으면 내생에 반드시 사람으로 태어난다고 할 수 없다"라는 말과 마자연 진인이 말한, "이 몸을 금생에 제도하지 못하면 다시 어느 생에서 이 몸을 제도하겠는가"라고 한 말을 읽지 않았기 때문이다. 이런 사람들은 마땅히 두 진인의 말로써 스스로 깨우쳐야 한다.

或以父母妻子恩愛太重, 而道念亦重, 欲割然修仙, 則恩愛不能盡捨,

혹은 부모처자에게 입은 은혜와 사랑이 아주 중하지만 도에 대한 생각도 중요하여 활연히 선도를 닦고자 한다. 그러나 부모님의 은혜와 처자식의 사랑을 다 버릴 수 없고,

『玉皇經』懺文云, "求度雖专, 尚多宿累." ◯『息經集注』云, "根念未固, 不能进修." ◯『太上靈寶大乘妙法蓮華眞經』云, "今迷諸世綱,雖有眞心, 固不爲篤. 抱道不行, 而自望其頭不白者, 亦稀聞也."

『옥황경』참문에 말하길, "비록 자신을 제도하여 구하는 일만 오로지 한다고 하더라도 과거의 얽힌 인연이 많다"라고 하였다. ○『식경집주』[103]에서 말하길, "근염[104]이 확실하지 않으면 수련에 들어갈 수 없다"라고 하였다. ○『태상영보대승묘법련화진경』[105]에서 말하길, "지금 속세의 그물에서 헤매면 비록 진심이 있더라도 진실로 수련을 독실하게 할 수 없다. 도에 대한 생각만 가지고 행하지 않으면서 자신이 늙지 않기를 바라는 사람이 있다는 말은 들어보지 못했다"라고 하였다.

欲繫戀恩愛, 又怨无常速到, 失却千萬億劫難逢之道. 此謂之兩持之心, 而出兩失之心也.

부모님의 은혜와 처자에 대한 사랑에 연연하면서 덧없는 세월이 빨리 흘러가서 천만억겁에 한 번 만나기 어려운 도를 잃어버릴까 염려한다. 이것을 일러 그러한 마음 때문에 두 가지를 다 가지려다 두 가지를 다 잃어버린다고 한다.

心兩持則惑而无決, 必无成功, 而至于兩俱失, 必然之理.

마음에 두 가지 생각이 있으면 미혹되어 결정하지 못하므로 반드시 성공할 수 없으니 두 가지를 다 잃게 되는 것은 필연적인 이치이다.

---

103)『식경집주』: 미상이다.

104) 근염: 육근과 육념으로 인식기관인 안근(眼根) · 이근(耳根) · 비근(鼻根) · 설근(舌根) · 신근(身根) · 의근(意根) · 색근(色根)과 육념(六念)을 말한다.

105)『태상영보대승묘법련화진경』: 미상이다.

无常速到, 道果得手? 恩愛在乎? 所以行道 · 護道三人, 須要決地立志 · 修德 · 修道.

세월은 덧없이 빨리 흘러가는데 도의 결실을 얻을 수 있을까? 가족의 은혜와 사랑은 어떻게 해야 하는가? 망설이게 된다. 그래서 도를 행하는 사람과 수도자를 보호하는 세 사람은 반드시 확고하게 뜻을 세워서 덕을 닦고 도를 닦아야만 한다.

修道者, 即戒律中不殺 · 不盜 · 不淫 · 不酒 · 不妄語 · 不綺語等皆是; 凡匡君護國 · 救世安人 · 救水救火 · 救灾救旱, 及以慈悲心救人患難 · 疾苦 · 貧窮 · 飢寒等皆是.

'도를 닦는다(修道)'는 것은 계율 중에 있는 살생하지 말고 도적질하지 말고, 음란한 짓을 하지 말고, 망령된 말을 하지 말고, 속이는 말을 하지 않는 것 등등의 것들이다. 대개 임금을 바른길로 인도하고 나라를 보호하는 것과 세상을 구제하여 백성을 편히 하는 것과 수해와 화재를 구제하는 것과 재앙과 가뭄을 구제하는 것과 자비심으로 사람을 환난과 질병의 고통과 가난과 춥고 배고픈 데서 구하는 것 등이 모두 이것이다.

於此前列假心學道數事, 辨得分明, 全天所犯, 不妨道行, 而後可稱同志.

이 앞에서 나열한 거짓된 마음으로 도를 배우는 몇 가지 사례에 대해 분명하게 구별하여 잘못된 것이 하나도 없어서 도를 행하는 데 방해되지 않게 해야만 비로소 동지(同志)라고 칭할 수 있다.

自"學道本皆智士"句以來至後"一晤一言知擇耶"止一大段, 皆言有道之上訪外護同志之難及正道明師訪同志弟子之難者. 同志者, 能苦心修德 · 誠心同道者方爲眞同志.

위 구절의 "신선의 도를 배우는 자들은 본래 모두 지혜로운 선비이지만(学道, 本皆智士)"에서부터 "한 번 만나 한마디 말을 듣고서 도를 전할 제자를 가려낼 수 있겠는가(一晤一言知择耶)"까지 하나의 큰 단락인데, 여기서는 모두 도를 닦는 자가 밖에서 보호해 줄 동지(同志)를 찾는 어려움과 바른 도를 가진 명철한 스승이 뜻을 같이한 제자를 찾는 어려움을 말하였다. 동지라는 것은 마음을 다 써서 덕을 닦으며 정성스러운 마음으로 도를 향하는 자라야 진정한 동지라고 할 수 있다.

但侶之難於同志者,

다만 뜻을 같이하는 데서도 도반을 구하기 어렵다는 것은,

於前十一款之外更有甚不可知處.

앞에서 밝힌 열한 가지 외에 더욱더 알지 못하는 것이 있다.

又有難於擇者也. 以同志者未必出於一家一鄉, 而爲兩相素知.

또 선택하는 데 어려움이 있다는 것이니 동지라는 것은 반드시 같은 집안 같은 고향에서 나와서 쌍방이 서로 본디 알고 있는 것이 아니기 때문이다.

若師先已得道出神者, 則眼見耳聞, 上可過色欲二十四天之上, 同佛見聞色欲二界者. 普天之下以及諸地獄中皆可見聞. 凡有學道而愿爲門下者, 皆不越所見聞之中, 若師家只得于遇仙傳道, 猶爲訪友 · 訪弟子護道之謀者, 則難擇人也.

◯出於一家者, 如曹還陽度親兄曹復陽, 如冲虛子傳堂弟太初, 常侄太一是也. 出于一鄉者, 如還陽眞人度三裏許之冲虛 · 眞陽二人, 如眞陽度一里許之徒太和是也. 其根基性德, 素有相聞.

만약 스승이 이미 먼저 도를 얻어 출신한 자일 경우에는 위로는 색계와 욕계인 24천을 넘어서 부처와 같이 보고 들을 수 있다. 색계와 욕계를 보고 듣는다는 것은 널리 하늘 아래부터 모든 지옥에 이르기까지 모두 보고 들을 수 있다는 것이다. 대개 도를 배워서 문하생이 되려고 하는 사람은 모두 스승이 보고 듣는 범위에서 벗어나지 않지만, 만약에 신선을 만나 도를 얻은 스승의 경우에도 여전히 벗을 찾아가 묻고 제자와 도를 보호하는 사람의 도움을 받아야 하니 사람을 택하는 데 어려움이 있다.

○한 집안에서 나온 사람의 예로는, 조환양은 친형인 조복양[106]에게 제도하였고, 충허자는 집안 아우인 태초와 집안 조카인 태일[107]에게 도를 전한 것이 바로 그 예이다. 한 고향에서 나온 사람의 예로는 조환양 진인은 그 집안과 삼 리 거리에 있는 충허와 진양 두 사람에게 도를 전하였고, 또 다른 예로는 진양은 일 리의 거리에 있는 태화에게 도를 전해 주었는데, 이것이 바로 그 예이다. 그러므로 그 근기와 덕성은 본래부터 서로 알고 있었던 것이다.

106) 조복양: 미상이다.

107) 태초와 태일: 『선불합종(仙佛合宗)』의 「문인문답(門人問答)」에 나오는 태초와 태일을 말한다. 기타 자세한 전거는 찾을 수 없다.

如一身之德行不藏者, 暫遇之, 不識也,

예를 들면 일신의 덕행이 좋지 않은 자는 잠깐 동안 만나서 알 수 없고,

不藏者, 即儒家所言不善也. 人之善惡, 必久相處而後知. 言可用詐, 多聞其言, 善惡自露. 德可虛稱, 久稽所行之迹, 則善惡難掩.

'불장(不藏)'이라는 것은 유가에서 말하는 불선이다. 사람의 선악은 반드시 서로 오래 같이 있어 본 이후에 알 수 있다. 말은 속일 수 있으나 그의 말을 많이 들으면 선악이 저절로 드러난다. 덕은 허풍은 칠 수 있으나 행동한 흔적이 오래 남아 있으니 선악을 가리기 어렵다.

如一心之邪慝深邃者, 面交之難察也,

예를 들면 마음 깊숙이 사특함을 감추고 있는 자는 얼굴만 보고는 알아채기 어렵고,

此輩人心中全是邪惡之念, 所行全是邪惡之事, 意圖神通及点化服食, 欲得勢力强大勝人. 假作尊師敬友, 般勤問題, 此面交假局, 明師亦當明此.

이러한 무리들은 마음속이 온통 사악한 생각으로 차 있고 하는 짓도 온통 사악한 일뿐이다. 그런데 그들이 신통을 하려고 하고 또 수련하여 복식하려고 하는 것은 세력을 키워서 다른 사람을 이기려는 것이다. 가짜로 스승을 존경하고 친구를 공경하여 친한 척 다가가서 도를 묻는데, 이것은 얼굴로 사귀는 가식적인 행위이므로 현명한 스승은 이것을 반드시 알아야 할 것이다.

如祖父輩之基惡種禍者, 遠見之不及也.

할아버지와 아버지 자체가 본질이 악하고 화를 만드는 자는 멀리 내다볼 수 없다.

祖與父以大惡爲基, 則孫與子未必肯爲善. 且前人爲惡, 報身不盡, 必報及孫與子. 唯居近者而後知世積. 若生各異方, 長各異地, 斯亦不能遠見也.

할아버지와 아버지가 아주 악한 일을 해서 기반을 쌓았다면, 그 자손들도 기꺼이 착한 일을 하려 하지 않을 것이다. 또 선조들이 저지른 악을 내 자신이 다 갚지 못한다면 반드시 내 자손이 받게 될 것이다. 오직 그들과 가까이서 살아 본 사람만이 그들이 대대로 악을 쌓은 것을 알 수 있다. 만약에 각각 다른 지방에서 태어나고 다른 지방에서 자랐다면 이 또한 멀리 내다볼 수 없다.[108)]

此皆上蒼之必不付道者也.

이러한 사람들은 모두 하늘이 반드시 도를 부여하지 않을 것이다.

天將惡報, 而師家傳以大道, 是謂妄傳非人.

하늘이 어떤 사람에게 악을 갚으려고 하는데 스승이 그 사람에게 대도를 전한다면, 이것을 일러 망령되이 합당하지 않은 사람에게 전한 것이라 한다.

---

108) 승부론: 선조의 악행이 후손에게 이어져 연좌적으로 악업이 이어진다는 도교의 논리로, 『태평경』에서 최초로 나타난다.

如何而能以一晤一言知擇耶?

어떻게 한 번 만나 한마디 말을 듣고서 도를 전할 제자를 가려낼 수 있겠는가?

以前十四等人皆選擇賢弟子外護之難知者. 一晤者, 兩人對面一會也, 一言者, 一相會之談也. 總言相交之淺.

지금까지 말한 열네 종류의 사람은 모두 현명한 제자와 밖에서 보호해 줄 도반을 선택하기 어렵다는 것을 말한 것이다. 일오(一晤)라는 것은 두 사람이 한 번 만나는 것이고, 일언(一言)이라는 것은 두 사람이 한 번 만나서 얘기한 것이다. 이는 통틀어 서로의 사귐이 일천하다는 말이다.

假令即有聖德堅志之士,

가령 바로 덕이 온전하고 뜻이 굳건한 선비가 있어서,

假令, 是今无之中而或有, 不可必有之言也. 全德者, 在世法中能全五倫之德, 于道法中又能全五戒. 此是君子聖賢人品, 便是修仙修佛之根器. 堅志者, 非上所說十四等不同品之假志. 眞實有心親師同學, 具弟子之威儀, 執弟子之職事, 不違師言, 不犯道律, 不犯王法, 時時切問近思, 一有所聞, 便求實悟, 不肯虛度光陰, 不敢虛負聖教, 此便是眞實堅志者.

'가령(假令)'이라는 것은 전혀 없는 가운데 혹시 있을 수 있다는 의미이니, 반드시 있다고 말할 수는 없는 것이다. 온전한 덕이라는 것은 세상에 있는 법 가운데 오륜의 덕을 온전히 할 수 있고, 수도의 법 가운데서 오계를 온전히 할 수 있는 것이다. 이것이 군자와 성현의 인품이고, 바로 선가와 불가에서 수도하는 근기이다. '견지(堅志)'라는 것은 앞에서 말한 각기 다른 거짓된 뜻을 가진 열네 종류의 인품이 아니다. 진실한 마음을 가지고 스승에게 학문을 묻는 사람으로서 제자의 위의를 갖추고, 제자의 맡은 일을 처리하며, 스승의 말을 어기지 않으며, 수도의 율법을 어기지 않고, 왕법을 어기지 않으며, 수시로 묻기를 간절히 하고, 생각을 가까이하며, 한 번 들으면 바로 실제 깨달음을 구하되, 세월을 헛되이 보내지도 않고, 성인의 가르침을 헛되이 저버리지 않으니, 이것이 바로 진실하고 굳건한 뜻을 가진 사람이다.

必於學道修仙, 於師家之逢, 邂逅難于相信.

반드시 도를 배우고 선도를 닦으려고 하더라도 스승과 우연히 잠깐 만나서는 서로 믿기가 어렵다.

邂逅者, 偶然之相遇也. 師固不能辨弟子之善惡誠僞如上十四等者, 學道弟子亦不能辨師家之邪 正聖狂. 不能辨即不能信, 雖有相遇耳, 爲徒遇耳.

'해후(邂逅)'라는 것은 우연히 서로 만나는 것이다. 스승은 진실로 앞의 열네 가지와 마찬가지로 제자가 선한지 악한지 참된지 거짓된지 구별할 수 없지만, 도를 배우는 제자도 스승이 삿된지 바른지 성인인지 광인인지 구별할 수 없다. 구별할 수 없다면 바로 믿을 수 없는 것이니 비록 서로 만났더라도 그저 만남일 뿐이다.

所以難于相信者，又繫認道不眞，

그러므로 서로 믿기 어렵다는 것은 또 도를 진정으로 인정하지 않는 것에 해당된다.

平素操慕道之心，每被方土哄曰，用女人交媾爲采補接命，可得長生不死，見其說有一端道理，迷不識此事是假. 及見眞正仙道清静，亦有一端道理，却不與淫污者同快活，心中冷落，持疑不信. 何者爲是? 不能認正爲眞，即不能學道，雖有堅志，亦不成其爲堅矣.

평소에 도를 좋아하는 마음을 가지고 있다가 '여인을 교구의 대상으로 삼아 채약하여 명을 닦으면 장생불사할 수 있다'라는 방사들의 현혹하는 말을 들으면, 그때마다 그 말에 일리가 있는 것처럼 보이기 때문에 그 일이 거짓인지를 모른다. 그러다가 진정한 선도의 청정을 보게 되면 또한 일리가 있다고 여기지만, 그들이 음란을 쾌락으로 여기지 않는 것을 보고 마음속에 냉담하게 의심이 생겨 어느 것이 옳은가 확신이 서지 않아 정도를 참된 것이라고 믿지 않는다. 이러한 사람은 도를 배울 수 없으므로 비록 견고한 뜻을 가지고 있더라도 그 견실함을 이룰 수 없다.

不素識其道德有无，

평소에 그 사람이 도와 덕이 있는지 없는지와,

不素識者，不曾平日相交接也. 故不見不聞師家之有道德 · 无道德. 所暫時一遇，相談妙理，而學者乃猶疑爲口頭言，回想前所聞者之无所證，疑此亦未必有證. 不知邪說假设誑人者必无證，不知仙道實悟其修者必有所證，皆由未親近師家，未見實歷有證也.

'평소에 알지 못한다(不素識)'는 것은 평일에 서로 교류가 없었다는 것이다. 그러므로 스승에게 도덕이 있는지 없는지에 대하여 들어 본 적도 없고 본 적도 없는데, 다만 잠시 한 번 만나서 서로 묘리를 말한다면 배우는 사람은 스승이 여전히 입으로만 말하는 것이 아닌지 의심한 나머지 전에 다른 사람에게서 들은 것이 증험할 것이 없다는 생각이 나서 이 사람의 말도 꼭 증험이 있으리라 보장할 수 없다고 의심한다. 사설과 가설로 다른 사람을 속인 자는 반드시 증험이 없다는 것을 알지 못하는 것과 선도를 실제로 깨달아 진실로 수도한 자가 반드시 증험할 것이 있다는 것을 알지 못하는 것은 모두 스승을 가까이서 모시면서 실제로 증험이 있는 것을 경험하지 못하였기 때문이다.

果邪果正, 而不敢輕於信也.
과연 사악한지 바른지를 모르면 가벼이 믿을 수가 없다.

可惜雖遇正道, 亦不得實聞之道, 緣師家知其不能破疑而改邪歸正, 便是非才无用之人. 譬如无目之人, 糞穢臭處也將鼻一聞, 沉香腦麝香處也將鼻一聞, 終不能棄臭而久留于香故也.
애석하게도 비록 정도를 지닌 사람을 만났어도 실제로 정도에 대해 들어 보지 못하는 경우가 있는데, 이는 스승이 그가 의혹을 깨뜨리고 삿된 것을 고쳐 바른 곳으로 돌아갈 재능이 없는 쓸모없는 사람이라고 여겨서 가르쳐 주지 않기 때문이다. 그 제자를 장님에 비유하면 장님이 똥거름에서는 그 악취를 알고 침단과 뇌사의 향이 나는 곳에서는 그 향기를 알지만 결국 그 사람이 악취 나는 곳을 떠나서 좋은 향기가 나는 곳에만 오래 머물 수 없는 것과 같기 때문이다.

此尤見侶之所以難也.

여기에서 도반을 만나기 어려운 까닭을 더욱 잘 알 수 있다.

此前"假令"起至此一段旨言學者遇師之難也.

이 앞의 '가령'에서부터 시작하여 여기까지 한 단락은 배우는 사람이 스승을 만나기 어려운 것에 대하여 말하였다.

◯昔呂眞人云, "弟子尋師易, 師尋弟子難"者, 是慨嘆. 學者未有知識時, 略起一念, 云仙有神通變化, 无所不能, 无所不知, 我當學之. 起初遇一人, 不問其知道否, 便拜之, 即是一師也. 遇三人 · 五人 · 十人, 俱拜之, 即是三師 · 五師 · 十師. 聞一句鄙陋非道之言, 也爲一言之師; 聞十句粗淺之說, 也爲十句之師, 何其易遇 · 易得 7. 隨其眞僞邪正, 總是无選擇故也.

若有道之師尋弟子, 要弟子及祖宗歷代積德循道, 謂之有根基. 滅却惡念, 絶无惡事 · 遠邪歸正. 精勤實悟, 謂之同志, 此等人最難得者. 若祖宗及身无德而輕道者, 不傳. 有惡念 · 惡事者, 不傳. 口空談而心不實悟者, 不傳. 執却病坐功而欲學之以求成仙者, 不傳; 視仙道同于房術, 以女人爲鼎, 取淫媾爲可成仙者, 不傳. 始勤而終怠者, 不傳. 此皆選弟子之必當如是也. 故曰, "師尋弟子難." 古人云, "可喜唐朝呂洞賓, 至今猶在尋人度." 蕭眞人亦云, "朝朝海上尋同志, 尋遍東吴不見人"是也.

○옛날에 여 진인이 말하길, "제자가 스승 찾기는 쉽지만 스승이 제

자 찾기는 어렵다"라고 말한 것은 다음과 같은 경우를 개탄한 것이다. 배우는 사람이 아직 지식을 갖추지 못하였을 때 어떤 생각을 하는가 하면, '신선은 신통 변화하는 능력이 있어서 할 수 없는 것이 없고 알지 못하는 것이 없으니 내가 꼭 배워야 한다'라고 다짐한다. 그래서 처음에 한 사람을 만나면 도를 아는지를 물어보지도 않고 바로 절을 하는데, 이 사람이 바로 하나의 스승이 되고 세 사람을 만나든, 다섯 사람을 만나든, 만나는 사람마다 모두 절을 하니 그들 모두 스승이 된다. 도 아닌 비루한 말 한 마디를 들으면 그 한 마디 말을 스승으로 삼고, 조잡한 말 열 마디를 들으면 열 마디 말을 스승으로 삼으니 어찌 그리 쉽게 만나고 쉽게 터득한단 말인가. 진위와 사정에 무조건 따라가니 이는 모두 분별력이 없기 때문이다.

도를 깨친 스승이 제자를 찾을 때에는 제자와 그 조상들이 대대로 도를 닦고 덕을 쌓은 사람을 필요로 하는데, 그런 제자를 일러 근기가 있다고 말한다. 악한 생각을 모두 없애 버려 절대로 악한 일을 하지 말고 삿된 것을 멀리하고 바른 것으로 돌아가 정밀하고 부지런히 공부하여 깨우친 사람을 동지라고 하는데, 이러한 사람들을 만나기가 최고로 어렵다. 만약에 조상과 자신이 덕이 없고 도를 우습게 여긴 자에게는 도를 전하지 않고, 악한 생각을 가지고 있고 악한 일을 하는 자에게는 도를 전해 주지 않으며, 입으로만 말하고 마음으로 깨닫지 않은 자에게는 전해 주지 않고, 병을 치료하려는 목적으로 앉아서 수련하는 데 집착하면서도 그러한 술수를 배워 신선이 되려고 하는 자에게는 전해 주지 않고, 신선의 도를 방술과 같이 보아서 여인을 수행의 도구로 삼아 성교를 하면 신선이 될 수 있다고 여기는 자에게는 전해 주지 않고, 처음에는 부지런하다가 끝에는 게으른

자에게는 전해 주지 않고, 세상일에만 급급하고 도에 대해서는 태만한 사람에게는 전해 주지 않고, 도를 보호할 수 없어서 도에 도움이 될 수 없는 자에게는 전해 주지 않는데, 이는 모두 제자를 선택할 때 반드시 이와 같이 해야 한다. 그러므로 스승이 제자를 찾기가 어렵다고 말한 것이다. 옛사람이 말하기를, "기쁘게도 당나라 여동빈 그 사람은 지금도 여전히 사람을 찾고 있네"라고 하였고, 소 진인도 말하기를, "아침마다 해상에서 동지를 찾아보고 동쪽 오나라까지 가보았으나 그 사람 못 찾았네"라고 하였는데, 바로 이를 두고 한 말이다.

彼世人遇區區奔走者於一傾盖间, 而曰得遇仙, 曰得遇侶, 果何所得哉?

저 세인들이 분주하게 제각기 돌아다니는 사람과 잠깐 동안 만나 보고 신선을 만났느니 도반을 만났느니 말하지만 과연 무엇을 얻었겠는가?

朘住于一方者, 與奔走遊歷四方者, 相去甚遠, 不得常相問學. 倾盖者, 收來傘盖之說也. 張雨傘而行, 半途相逢立談則收傘, 故曰倾盖. 古之子華 · 子程, 本有道之上. 孔夫子相遇於途, 倾盖而語, 夫子曰, "目擊而道存." 此唯聖能知聖也. 今言倾盖, 极言偶然一見, 相談不久, 何能得仙傳道? 何能得侶護道? 以不得而曰得, 果何所信心而爲所得哉?

한곳에 눌러앉아 거주하는 사람과 사방을 분주하게 돌아다니는 사람은 서로 차이가 많이 나서 항상 묻고 배울 수 없다. '경개(倾盖)'라는 것은 우산을 접는다는 말이다. 우산을 쓰고 가다가 중간에 서로 만나 서서 얘기할 때에는 우산을 잠시 접기 때문에 경개라고 한다. 옛날에 자화자[109]와 정목자[110]는 도를 깨우친 사람이었다. 공자가 길에서 그들을 만나 잠깐 동안 얘기하고 나서 말하길 "한 번 보아도 도가 있는 것을 알 수 있다"라고 하였다. 이것은 성인만이 성인을 알 수 있다는 말이다. 그런데 지금 여기서 말하는 경개는 우연히 한 번 보고 잠깐 동안 대화하는 것을 강조하여 말한 것인데, 어떻게 신선을 만나서 도를 전해 받을 수 있으며 어떻게 도반을 만나서 도를 보호하겠는가? 얻지 않은 것을 얻었다고 말하였으니 과연 무엇에 믿음이 가서 서로 얻었다고 말할 수 있겠는가?

覓師侶者尤當以此爲鑒戒.

스승과 동료를 찾는 사람은 마땅히 이것으로써 더욱 귀감으로 삼아야 한다.

古仙從來无一相遇之初而即傳于後學者, 亦无一遇之初, 而即得護道于賢侶者, 凡後學覓師及有道者覓侶, 皆當以此說輕遇之不得人爲鑒, 亦以輕信于一遇爲戒.

---

109) 자화자: 전국시기의 도가 인물로, 위나라 사람이다. 기원전 358~323년간에 활동했다. 중기귀생론(重己貴生論)을 제창하였다. 『장자/측양』, 『여씨춘추/귀생』 편 등에 자화자에 관한 기록이 보인다.

110) 정목자: 『독시략기(讀詩略記)』, 『시서보의(詩序補義)』 등 책에서 공자와 정목자가 만난 기사가 기록되어 있다. 정목자에 대해서는 미상이다. 다만 위 책들의 내용을 옮겨 보면 다음과 같다. 공자가 제나라 정목자를 담 땅에서 만나 잠깐 이야기하고서는 예물을 주었다. 자로가 말하기를, "선비는 길 가운데에서 서로 만나지 않는 것입니다"라고 하자, 공자가 말하기를, "시에서 노래하지 않았더냐, '우연히 서로 만나니, 내 소원에 맞네'라고, 내가 지금 예물을 주지 않으면 죽을 때까지 보지 못할까 해서이다(孔子遭齊程木子于郯, 傾蓋而語, 贈以束帛, 子路曰士不中道相見, 子曰詩不云乎, 邂逅相遇, 適我願兮, 吾於是而不贈, 則終身不之見也)"라고 하였다.

본래부터 옛날의 선인들은 처음 만나자마자 후학에게 바로 도를 전한 적이 한 번도 없었고 또 처음 만나자마자 도를 보호할 도반으로 삼은 적도 없었다. 후학이 스승을 찾을 때나 도를 깨친 사람이 도반을 찾을 때에, 모두 여기에서 말한 잠깐 만나서 사람을 얻을 수 없다는 것을 거울로 삼아야 하고, 또한 한 번 만나서 믿을 수 없다는 말을 경계로 삼아야 한다.

但後來修士, 必於人道中先修純德,
그러나 다만 후에 도를 닦는 선비들은 반드시 먼저 사람의 도리 가운데 순수한 덕을 닦아야 한다.

人道中者, 即五倫之事也. 君當忠而忠, 親當孝而孝, 兄長當順而順, 朋友當信而信, 謂之純德. 高眞上聖, 皆言傳得其人身有功者, 當傳于有德之人也. 傳失其人, 九祖受冥拷, 又云, 妄傳, 九祖受冥拷, 皆言妄傳于无德惡人也. 有仙道者, 安敢妄傳非人哉? 凡輕易傳人者, 邪說誑語耳. 意圖誘哄人财物, 故意易其言, 以爲相投遇合之机者, 抑可輕信者耶?
'사람의 도리 가운데(人道中)'라는 것은 바로 오륜의 일이다. 임금에게는 마땅히 충성해야 하므로 충성하고, 어버이에게는 마땅히 효도해야 하므로 효도하고, 어른에게는 마땅히 순종해야 하므로 순종하고, 붕우는 마땅히 믿어야 하므로 믿는 것이니, 이것을 일러 순덕(純德)이라고 한다. 고매하고 진실한 상등의 성인들은 모두 합당한 사람에게 전하였는데, 그 사람이 공이 있었기 때문이라고 말하였다. 이 말의 뜻은 마땅히 덕이 있는 사람에게 전해야 한다는 것이다. '잘못된 사람에게 전하면 9대가 저승에서 벌 받는다'고 하였고, 또 말하길, '망령되이 전하면 9대가 저승에서 벌을 받는다'고 하였는데, 이 말은 모두 덕이 없는 악한 사람에게 함부로 전한 결과를 말한 것이다. 그러니 선도를 하는 사람이 어찌 적임자가 아닌 사람에게 망령되이 전하겠는가? 일반적으로 가볍고 쉽게 사람들에게 도를 전하는 것은 사특하고 속이는 말이다. 그 의도는 다른 사람을 유혹하여 재물을 뺏으려고 한 것이기 때문에 고의로 그 말을 쉽게 하여 서로 우연히 의기가 투합한 계기인 것처럼 여기게 하니, 어찌 이런 말들을 쉽게 믿을 수 있겠는가?

又能信奉眞師,

또 진실한 스승을 신봉해야 하고,

昔葛稚川『神仙傳』云, "劉政求長生之術, 不遠千里, 苟有勝己, 雖奴客, 必師事之." 今人若能如此, 自有眞仙踵門.

옛날 갈치천[111]의 『신선전』에서 "유정[112]은 장생술을 구하여 천 리를 멀다 않고 찾아다니다가 만약에 자기보다 나은 사람이 있으면 비록 노비라고 하더라도 반드시 스승으로 섬겼다"고 하였다. 지금 사람도 만약 이와 같이 할 수 있다면 진선이 스스로 문에 찾아올 것이다.

111) 갈치천: 갈홍(283~363)을 말한다. 갈홍은 동진시기 도교학자이자 의학가, 연단가이다. 자는 지천, 호는 포박자이다. 갈현의 현손이다. 세상에서 소선옹이라고 불렀다. 『포박자』, 『신선전』 등 저술이 있다.

112) 유정: 길홍의 『신선전』에 의하면 유정은 패(沛) 당의 사람으로 재주가 높고 박식했으며, 섭렵하지 않은 학문이 없었는데, 세상의 영화와 부귀를 버리고 장생술을 구하였다고 한다. 위의 내용은 『신선전』의 유정조에 나온다.

慎擇賢友,

현명한 벗을 신중히 선택한 다음에,

即以前所謂擇侶之說.

이것은 바로 앞에서 말한 도반을 선택한다는 말이다.

精心修煉. 於此淺說中語,

정밀한 마음으로 수련해야 한다. 이 『도원천설』의 말들을,

即修德之款, 修道之款.

이것은 바로 덕을 닦는 조목이고 도를 닦는 조목이다.

一一勘得透徹, 則長生不死 · 神仙 · 天仙 · 佛世尊可計日而皆得矣.

予又愿同志者共勉之!

일일이 꿰뚫어 잘 안다면 장생불사할 수 있으므로, 신선이든 천선이든 불세존이든 얼마 안 가서 될 수 있을 것이다. 내가 또 바라건대 동지들은 다 같이 힘썼으면 한다.

| 색인단어

ㅈ

ㅊ

ㅌ

ㅍ

ㅎ

이봉호

거창고등학교와 경북대학교 철학과를 졸업하고, 성균관대학교 대학원에서 석사 및 박사학위를 받았다.
한문교육기관인 성균관 한림원을 졸업하였으며 성균관대학교 강사와 인천대학교 연구교수를 거쳐 현재는 덕성여자대학교 교양학부에 재직하고 있다.
한국과 중국의 도교 연구에 관심을 갖고 있으며, 동양의 자연학에도 관심을 기울이고 있다.

「서명응의 선천학 체계와 서학 해석에 관한 연구」(박사논문)
「『노자상이주』의 세간위기와 결정성신」
「『황정경』의 존상신심법과 화려한 몸속 세상」
「발해인 이광현의 연단이론」
「『장자』에서 자연과 자유의 의미」
「서명응의 선천학, 서양천문학 이해의 논리－서호수, 홍대용과 비교를 중심으로」
『참동고』
『역주호락논쟁』 1, 2

도교철학역해 시리즈

도원천설

초판인쇄 | 2010년 11월 20일
초판발행 | 2010년 11월 20일

지 은 이 | 오수양
옮 긴 이 | 이봉호
펴 낸 이 | 채종준
펴 낸 곳 | 한국학술정보㈜
주 소 | 경기도 파주시 교하읍 문발리 파주출판문화정보산업단지 513-5
전 화 | 031) 908-3181(대표)
팩 스 | 031) 908-3189
홈페이지 | http://ebook.kstudy.com
E-mail | 출판사업부 publish@kstudy.com
등 록 | 제일산-115호(2000. 6. 19)

ISBN 978-89-268-1701-8 94150 (Paper Book)
978-89-268-1702-5 98150 (e-Book)
978-89-268-1699-8 94150 (Paper Book set)
978-89-268-1700-1 98150 (e-Book set)